[美] 朱安妮塔 · 布朗(Juanita Brown)
戴维 · 伊萨克(David Isaacs) 著

The World Café

Shaping Our Futures Through Conversations That Matter

世界咖啡

（修订本）

创造集体智慧的汇谈方法

汤素素　金沙浪　译

電子工業出版社
Publishing House of Electronics Industry
北京 · BEIJING

Juanita Brown and David Isaacs: The World Café: Shaping Our Futures Through Conversations That Matter
ISBN: 978-1576752586

版权贸易合同登记号 图字：01-2014-7305

图书在版编目（CIP）数据

世界咖啡：创造集体智慧的汇谈方法 /（美）朱安妮塔·布朗（Juanita Brown），（美）戴维·伊萨克（David Isaacs）著；汤素素，金沙浪译. —修订本. —北京：电子工业出版社，2019.7

书名原文：The World Cafe: Shaping Our Futures Through Conversations That Matter

ISBN 978-7-121-36864-6

Ⅰ. ①世… Ⅱ. ①朱… ②戴… ③汤… ④金… Ⅲ. ①组织管理学－研究 Ⅳ. ①C936

中国版本图书馆 CIP 数据核字(2019)第 124350 号

责任编辑：晋　晶
文字编辑：杨洪军
印　　刷：北京盛通商印快线网络科技有限公司
装　　订：北京盛通商印快线网络科技有限公司
出版发行：电子工业出版社
　　　　　北京市海淀区万寿路 173 信箱　邮编 100036
开　　本：720×1000　1/16　印张：19.25　字数：247 千字
版　　次：2015 年 9 月第 1 版
　　　　　2019 年 7 月第 2 版
印　　次：2022 年 10 月第 9 次印刷
定　　价：75.00 元

凡所购买电子工业出版社图书有缺损问题，请向购买书店调换。若书店售缺，请与本社发行部联系，联系及邮购电话：（010）88254888，88258888。

质量投诉请发邮件至 zlts@phei.com.cn，盗版侵权举报请发邮件至 dbqq@phei.com.cn。

本书咨询联系方式：（010）88254199，sjb@phei.com.cn。

推荐序一

凝聚团队智慧，探索创新机会

感谢电子工业出版社晋晶老师邀请写序，感谢汤素素和金沙浪两位老师对本书的翻译贡献，感谢所有的客户，是你们给了我应用世界咖啡的场景与平台！感谢学习实验室社群的伙伴，是你们陪伴我不断地探索与成长！感谢所有世界咖啡主持人认证班的学员，是你们给予我持续前行的力量！特别感谢索奥中国（SoL China）对我的专业指导与培养，让我有机会有能力为传播和践行世界咖啡贡献微薄之力。

2005 年，我在书店里偶然看到了《世界咖啡》这本书，一开始以为这是一本介绍来自全球各地咖啡的书，就好奇地翻了一下，被里面的思维和内容所吸引，立马买回去研读。我反复看了很多遍，却有点不知道如何下手，去做一场自己的世界咖啡。

2011 年，我有幸在北京参加了一场世界咖啡研讨会，主持专家是国际组织学习学会（SoL）的创始主席、《第五项修炼》的作者彼得·圣吉先生，索奥中国 CEO 李晨晔先生亲自担任翻译。我们所有人都全神贯注，准备聆听大师的教诲。没想到大师开场后就抛出问题，让我们讨论，然后就是不断地换组、分享、聆听、反馈等各种连接。没有传统课程的陈述、讲道理、定是非，彼得·圣吉的分享时间不超过课程时长的 1/3，但大家都感觉收获颇丰。

这场世界咖啡研讨会让我感触很深。我发现身边竟有如此多的高手，对自己百思不得其解的问题，旁边的伙伴早已搞定了；我发现时间过得很快，心情非常愉悦，原来学习还可以这样轻松有趣；我发现彼得·圣吉非常厉害，大师就是大师，我们讨论了半天，他几句话就说到了问题的本质，直指人心。当时我就在想，要是我也可以像彼得·圣吉一样，给他人带来思考、带来交流、带来领悟，那该多好啊！

2012 年，我开始追随彼得·圣吉及索奥中国的核心团队，推广和践行世界咖啡，为企业提供世界咖啡研讨会服务，主题方向有干部培养、战略制定、共同远景、领导力等，参与人数从十几人到几百人不等，时长从半天到四天三晚不等，服务的企业有阿里巴巴、美的、华润、中国移动等百余家企业。

2014 年，为了让更多人掌握和应用世界咖啡，索奥中国推出世界咖啡主持人认证班，并在全国各地持续开班，已经有来自华为、玛氏、滴滴、美团、京东、饿了么、美的、平安、华润、乐家、顺丰、沃尔玛、思科、海尔、海信、伊利、惠氏制药、中兴通讯、立邦涂料、美宜家等几百家企业的精英参加了学习认证。他们主持了医药行业的世界咖啡、艺术收藏界的世界咖啡、团队管理的世界咖啡、工作复盘的世界咖啡、管理会议的世界咖啡、同学聚会的世界咖啡、新员工培训的世界咖啡、相亲会的世界咖啡、家长会的世界咖啡等。感谢每一位践行世界咖啡的伙伴！

世界咖啡是企业建设学习型组织的基础方法，让企业成员积极分享与共创，在相互借鉴中超越自我，打造团队共同的愿景，构建共同的心智模式，懂得在系统思考中科学决策与协作发展。

世界咖啡是问题解决与工作创新的高效工具，它可以激活团队集体智慧，启发团队创新思维，从不同的角度定义问题和分析问题，探索问题的有效解决方案，推动工作的持续创新与高效执行。

世界咖啡是团队交流与学习发展的必备神器，人人都是专家，大众教育大众，传统的老师转变为主持人，传统的学员转变为参与者，大家一起学习交流，共创学习的应用与落地实践。

彼得·圣吉说："世界咖啡是我见过最能帮助我们体验集体创造力的方法。"他也最喜欢使用世界咖啡，喜欢在互动交流中创造集体智慧。本书的作者朱安妮塔·布朗与戴维·伊萨克均为国际组织学习学会的伙伴与成员，他们为学习型组织的建设与发展做出了重要的贡献。

世界咖啡，因我们而更加精彩！期待与您同行，携手共创！

周希奇

索奥中国（SoL China）副总裁

世界咖啡主持人认证班首席导师

推荐序二

在世界咖啡中连接生命智慧

从沙浪告诉我要启动《世界咖啡》这本书的翻译，到这本书出版，他请我写序，说了有几个月，今日才得以在观心斋静下来，完成这个邀请。在国内，我绝对不是做世界咖啡做得最好的，写推荐序有点惶恐，因此本着一个粉丝的心态，表达我内心真实的感受：因为喜欢，所以普及。

自从世界咖啡这个被称为"创造集体智慧的最好的汇谈方法""彼得·圣吉最赞誉的进入集体创造最可靠的方式"进入中国后，说实话，褒贬参半。有人说："世界咖啡是我参与过的最美妙的对话经历，和那么多小伙伴在一起，探讨一个那么棒的主题，可以连接那么多人有趣的想法，简直太美妙了！"还有人在体验后非常不屑地说："这是什么？这不是中国人聊大天、侃大山吗？就这样，让我们一直聊，都是我们想出来的点子，还收我们那么多的费用？"

甚至我和一群搞专业的伙伴，为了将 The World Café 翻译成"世界咖啡"还是"世界咖啡馆"，都在多个地方理论过多次。每次都有和事佬出来，说："翻译成什么不重要，重要的是对参与者有用……"包括在做的过程中，参与者突发奇想，兴致勃勃地来找我："段老师，我觉得这个世界咖啡很好，我们可以创新地搞个‘世界澡堂’，就在澡堂里，几个人在这个池子里泡泡，聊聊这个话题，然后在那个池子里泡泡，聊聊那个话题，这比世界咖啡还好，大家都是赤裸相见，可以聊得更坦诚……”

在世界咖啡普及过程中发生的各种有趣、有创意的故事真的很多，多到我曾经想，为什么不在每个城市开个世界咖啡馆，让大家每天在这里畅聊各种创意与创想，以及各种发自内心想探讨的主题，在对话中连接生命的智慧，度过充实而温暖的每个夜晚。爱幻想的我总是期望有一群人，聊点有意思、有能量、有意义的话题，在咖啡馆也好，在茶馆也行，任何一个哪怕只有白开水喝的地方，人们因平等对话走进彼此的心中，在对话中，互相了解彼此，看见过去、现在与未来。

自从人们可以在线上购买几乎一切商品，阅读几乎一切知识，进行几乎一切信息交流与互动后，线下见面交流的动机发生了很多变化，人们在这个过程中，既焦虑，又充满渴望。既然许多事情可以在线解决，那么线下互动如何可以更加轻松、有序、高质量呢？我们需要参与，需要互动，需要发出我们自己的声音，需要在现场共创我们自己想要的未来！

近十年来，人们在移动互联网技术带来的微信等各种工具中高度参与，参与的技能，即一群人在一起平等对话、不盲目崇拜大咖、不随意鄙视地位钱财资历不如自己者的对话技能，是中国上至精英阶层，下至所谓屌丝们都缺失的基本技能。

世界咖啡，在国际促动师协会（WFA）系统里，被定义为一种“促动技术”，是可以促进参与者进行深度对话，释放灵感与创造力，连接彼此智慧，产生意想不到的颠覆式创新，艺术与技术结合的过程。每次世界咖啡促动师在设计时，需要根据参与者对话的目的、背景、身份、时长与期望的成果来设计整个过程，以让所有参与者从接到邀请函的那一刻，就感觉即将踏上一次令人期待的、美妙的对话之旅；同时，整个过程需要考虑参与者状态的变化，营造合适的心理场，以让参与者的智慧和能量在对话过程中自如地流动，从而达到不可预知、不可言喻的美妙的能量融合状态。整个过程，从无到有，对话在有序与混沌中互相激荡，似乎能看到宇宙智慧演化的美妙过程。在世界咖啡中，有促动师可以把握的节奏、步骤与架构，同时有许多惊喜，有许多无法预想的智慧成果在某个不期而遇的时刻电光火石般迸发。

世界咖啡是 WFA 在中国主要推广和普及的促动技术之一。WFA 希望借由促动技术的普及，促进生命简单而真诚地对话，自由而温暖地活着。当然，世界咖啡并非仅仅被定义成一个简单的技术，它旺盛的生命力因喜欢它的人而不断成长，呈现为组织文化、创新方法与汇谈工具等。2015 年开始，作为微促动 CEO，在我国人力资源和社会保障部中国职工教育和职业培训协会促动师职业能力培养推动中，我与团队毫不犹豫地将世界咖啡作为促动师需要具备的一个职业能力放入其中，同时 WFA 作为一个由粉丝发起的热爱并积极传播促动技术的草根组织，也在积极配合周希奇老师普及彼得·圣吉创办的索奥中国的世界咖啡主持人的培养。爱就是爱本身，无须什么理由解释我们这样做的原因。

我同时非常为沙浪与素素两位译者感到骄傲。他们因为自己对世界咖啡的热爱，在国内各个组织里亲自设计实施过世界咖啡，同时参与过不同组织与流派的世界咖啡学习，带着真实经历来翻译这本书，相信读者会从字里行间体验出那份发自内心的感受。沙浪与素素同时还是 WFA（上海）的会长与副会长，上海的小伙伴们不断受益于他们经常组织的各种世界咖啡和其他促动技术的活动。同时，作为 WFA 的认证促动师、授权授课促动师，他们还承担着在全国各地继续普及世界咖啡和其他促进生命简单真诚对话的促动技术，我发自内心地尊重与欣赏他们所做的一切。

有人曾说，中国虽然有很多咖啡馆，但真正的咖啡馆文化仍显缺乏，即人们相约于咖啡馆，并非只是为了谈生意和谈恋爱，而是因为生命体之间需要通过各种对话来触摸彼此、连接彼此，在安全而温暖的对话中释放彼此的灵魂。我想，世界咖啡也许将为中国的咖啡馆注入一种文化，一种咖啡馆可以承载的开放自由、平等参与、相互尊重的新文化。

段泓冰

微促动 CEO/WFA（中国）会长

译者序

提笔写译者序的时候，思绪万千，我们想起差不多一年前接受出版社晋晶老师的再版翻译邀请时心中那份忐忑和激动。忐忑的是，我们并非英语专业毕业，对于很多翻译技巧不甚精通，担心翻译得偏颇；激动的是，断销已久的世界咖啡技术唯一权威书籍，终于要再出中文版了，从此大家再也不用到处搜集寻觅。而由于我和沙浪对“世界咖啡”的喜爱和众多实践以及大力推广，因此我们赢得了这个机会。

匆匆一年过去了，我们翻译的版本终于能和大家见面了。在这一年的时间里，我们又各自实践了多场人数不一的世界咖啡，对英文原版著作的字斟句酌，也让我们对世界咖啡技术在原理上的各个方面更加精通。但更重要的是，我们更加清晰地认识到，在如今互联网+的时代，每个人都是智慧的发光体，愿意为社会、为组织、为团队贡献自己的力量。我们也比之前任何时代都渴望平等，渴望自己的贡献得到大家的认可，渴望自己的观点能被聆听，也渴望深度聆听他人，并互相连接，让我们集体智慧的火花不断迸发。而这些，不正是世界咖啡带给我们的精髓吗？！

在我们的世界咖啡实践中，既有公司内部 800 人同时参与的大型世界咖啡，也有社群活动中 10 多人的小型讨论；参与者既有大型集团公司的老总，也有社区 70 岁以上的老年居民；讨论的话题既有上市公司的下一个五年战略规划，也有关系民生的社区志愿者服务；汇谈场地既有高大上的度假酒店会议室，也有旅行中山路上的结伴而谈。我们无一例外看到的是，参与者的积极聆听、贡献自己智慧的真诚分享、移动位置时的期待和兴奋，而最后全场的连接让所有人都惊讶于集体创造的成果，这些参与者对于世界咖啡的热爱和肯定更是我们积极推广的动力来源。

作为集体汇谈，特别是跨界集体汇谈的高效工具，世界咖啡当仁不让地成为最合适最容易操作的技术之一。本书中，作者朱安妮塔和戴维对于世界咖啡的起源、设计原则以及如何主持世界咖啡做了详细诠释，也包含了大量个人与集体的实践案例故事。如果你想学习世界咖啡，那么本书足够了。只要通读本书，并不断实践，和广大世界咖啡的实践者与热爱者交流分享，你也可以成为世界咖啡的专家。

本书在翻译过程中，受到很多伙伴的支持和指点，在此特别感谢王宾对于本书翻译的审校，也感谢微促动 CEO/WFA（中国）会长段泓冰老师的认同和推荐，让我们一起大力来推广世界咖啡，让所有人能敞开心扉，平等真诚地汇谈。

本书译者联系方式：

汤素素　手机/微信号　18101838898

金沙浪　手机/微信号　13967165216

汤素素

序

唯有合作，才有智慧

玛格丽特·惠特里 执笔

> 玛格丽特·惠特里是《领导与新科学》、《一种更简单的方法》、《互相求助》和《找到我们的路》这四本有开创性意义著作的作者。此外，她也是一位顾问、演讲者，担任柏卡纳研究院院长，该研究院是一家专门为全球各地培育领导人才的非营利机构。在这篇探讨汇谈①力量和集体智慧的文章里，玛格丽特从自己的视角分享了世界咖啡为我们的未来带来独特贡献的观点。

在这动荡不安的时代里，人们彼此之间疏离，我试图找出能为未来重新点燃希望的各种构想、流程和行为。世界咖啡正是我要找的东西。来自世界各地的世界咖啡工作者，在这本书中娓娓道出他们的故事，证明人类是可以从合作共事中找到意义甚至快乐的，再从这种合作过程中的对话里找到更多智慧，从而让我们看到未来前进的路径。

世界咖啡让我们重新认识了那个早已被遗忘的世界。在那个世界里，人们会自然地聚在一起，因为我们喜欢有人陪伴；在那个世界里，我们很享受对话的过程，因为我们喜欢聊聊自己最在乎的事情；在那个世界里，我们并不疏离，我们没有阶级区别、没有刻板印象；在那个世界里，我们单纯地打招呼，完全不靠科技和人造产物；在那个世界里，我们常惊叹于某种智慧，这

① 汇谈：意同“对话”，业界常用作汇谈。

种智慧不属于我们任何一个人，而是我们全体所有；在那个世界里，我们知道当在一起展开汇谈时我们就能找到解决问题所需要的智慧。

那个世界已经被我们遗忘很久，但从未离我们而去。许多年来，世界咖啡的共同创始人戴维·伊萨克常说，我们的责任就是重新唤起人类对那个世界的记忆，完全不需要再另外创造一个世界。但我从许多地方观察到的结果是，人们对于“如何有效地合作共事”这层记忆，似乎早已被复杂的团队工作、引导技巧、艰涩难懂的分析方法，以及我们自己的疲惫彻底磨灭了。人们变得更极端、更容易受打击、更没耐心、更容易对彼此失望，也变得比以往更孤僻，眼前堆积如山的问题令我们一筹莫展，一想到自己连最简单的问题都没办法解决，更令人垂头丧气。只要是正常人，都不会自找麻烦地参与更多的会议或卷入另一个问题解决的程序中，因为这些事情只会让我们更烦恼、更显无能。

或许，这种记忆缺失的最可怕的后果就是，我们越来越相信人类是难以相处和自私自利的物种，我们难于信任彼此。随着这种负面观念的根深蒂固，我们开始远离集体，只做那些我们自己能做的事情。我们只关注眼前的工作，不再对这个世界心怀感激。我们疏离、孤单，我们失去勇气和能力，就连我们的工作也失去意义，最后只剩下无止境的疲劳与孤寂。

世界咖啡流程唤醒了我们对于人类物种的两个基本信念的深层记忆。第一个记忆，我们人类希望能一起对话来探讨我们关心的事情。实际上，这能带来满足和生命的意义。第二个记忆，当我们一起对话时，我们能获取仅存在于集体中的更大智慧。

世界咖啡汇谈的运作

当你在阅读这本书的案例故事和建议时，你会看见这两种信念如何在世界咖啡流程里复活。为了点燃你探索它们的热情，我们在此特别说明世界咖啡流程的一些特性，以便让这些信念成为鲜活的、健康的现实。

信任每一个人

世界咖啡汇谈有一个简单的流程，可供人们聚在一起共同讨论真正重要的问题。它的基础建立在一个前提上，那就是“人们本来就已具备合作共事的能力，不管这些人是谁”。对我们来讲，这是一个重要的前提。这个前提能帮助我们从所有当今对人进行预先定义和预先评价的热门方法中解脱出来，这些方法让我们对个人风格、学习模式以及情绪智商非常关注，但这种分类论最后只会疏离和刻板化我们每一个人，这些都不是那些方法的创始人当初所要的结果，但终究还是发生了。

世界咖啡的流程曾被应用在不同文化、不同年龄层群体中，为了不同的目的，也应用在不同社群及组织里。参与者是谁并不重要——重要的是，这个流程很管用。它之所以管用，是因为人们本就可以合作共事得很好。当人们针对重要问题积极展开有意义的对话时，他们会变得富有创意、富有洞察力。我希望这些案例故事能帮助我们抛开早已习惯的归类法则和刻板印象论，别再管谁该参与，谁该参加会议……因为这些都只是我们为了建构一个“适合”的团体所做的各种谨慎但没有根据的分析。我们需要让整个系统更多元化，但这种多元化不是要你只注意分类挑选的方法。

多元化

注意到世界咖啡汇谈应用地方和目的的多元化，以及参与者的多元化，至关重要。这本书不断呈现一个价值，而这也是我们深信不移的价值，那就是：我们需要依靠多元化。在今天的世界里，我们靠多元化的力量才能生存下去，因为如果不够多元化，你就无法精确理解眼前的棘手问题或掌握现状的全貌。我们需要来自不同角度、不同声音和不同心境的各种观点。我们每个人不一样，在系统中存在的角色也不一样，这样我们的视角就各不相同。如果我们无法认同这个事实，又怎么能建构出一个精准的全貌呢？只有当我们拥有多方不同视角，并获得足够多的信息时，我们才能做出决策。而探索各方意见观点往往也能让我们走得更近。有位世界咖啡参与者说得好：“你在一群陌生人中移动位置，却感觉你已经认识他们好久了。”

热情邀约

在每场世界咖啡汇谈中，都能嗅出热情邀约的味道。营造宜人好客的环境空间固然重要，但这种好客的感觉不是只求表面，它来源于主持人一种根深蒂固的认知，他相信每个人都很重要，任何人都可以提出足以擦出火花的绝妙点子，催生出集体见解。世界咖啡汇谈中的引导者是最真诚的主持人——他们会营造出一般会议流程所嗅不到的迎宾氛围，重要的是，你能从这些案例故事里发现到这一点，拿它来和你以往会议的经验比一比。当你被当成活动真正需要的人物时，当你得到一位满心欢喜于你的光临的会议主持人的迎候时，当你被当作可以全力贡献于会议的参与者受到欢迎时，你感觉怎么样？

聆听

当人们投入有意义的汇谈时，整个会场就被各种好奇和喜悦淹没。人们开始靠得更近，他们的表情能表明他们在深度聆听，空气里也弥漫着人们对彼此的关注。有一种大声说话和不断回响的声音形成的和谐氛围正在形成，间或夹杂着几声大笑。要叫人们离开这些谈话，可真是件难事（我一向把这种状况视为一种好的征兆）。

行动

在世界咖啡汇谈流程里，人们会在各桌之间移动位置。这种移动不只是物理空间的移动。因为当移动时，我们也会顺势抛开原来的角色、原来的想法、原来的自以为是。每当换到新的桌边，我们就抛掉更多的自己，融入那个更大的我们——于是我们代表的是所有人之间的那个对话体。我们走出了狭隘的自我，也走出了原来的自以为是，进入到一个随时有新点子、新构想的广阔空间里。就像某位参与者所形容的：“你根本不知道眼前的想法是从哪里来的，它频频出现，不知不觉中已被塑造成新的观点。人们争相发言，支持彼此的看法，用的字眼都是以前想都没有想过的。”

当在这些对话之间寻找连接时，当聆听彼此、不再坚持己见时，我们会发现我们已进入一种更完整的认知意识里。模式会越来越清楚。原本靠个人力量看不见的东西，竟在众人之间逐渐显形。

好的问题

好像所有令人满意的对话一样，世界咖啡汇谈的成功与否当然也取决于谈话内容。好的问题，那些我们共同关心、很想找到答案的问题，会令我们的精神一振，就好像它在热情地邀请我们共同探索、冒险和聆听，要我们摒除成见。好的问题会让我们变得好奇，让我们不再自以为是，这也经常能给我们带来新见解的惊喜。

能量

我参加过的世界咖啡汇谈，没有一场是无聊、无趣的。世界咖啡的参与者永远是充满能量、兴趣昂然、充满创意的。处处可闻笑声，即便面对最严肃的议题，也会出现很多好玩的事情。对我而言，这是个强有力的证明，证明我们有多渴望能聚在一起，能重新找回人类社群是多么棒的事情。有一位主持人来自文化背景比较严肃的地方，他说道："这更坚定了我们对人们的信念。在过去那些中规中矩的方式背后，人们真正想要的其实就是有意义的对话。任何地方的人们，都喜欢和别人互相聊聊，彼此学习，对于自己所关心的议题贡献自己的观点。"

发现集体智慧

这些都是世界咖啡汇谈的一些特性，有助于激发出我们的最好的潜能。但这还只是世界咖啡的一部分。世界咖啡汇谈还可以带我们进入新的领域，这个领域原本被个人主义当道的现代文化所遗忘。这是一个集体智慧集合的领域，只有在我们成为一个群体的时候才能拥有，光靠个人的力量无法获取。只有当彼此更紧密地合作，从一个对话移动到另一个对话，将一个对话中的观点带到另一个对话中，试图寻找其中的模式时，这个集体智慧才会乍然呈现，我们也会惊讶于我们共享的这些见解。这个过程是有科学根据的，因为所有的生命体都是如此运作的。当不同的想法或个体彼此连接时，生命就会带给我们一连串的惊喜——新的能力和智慧显现。所有生命体都是这样运作的。只不过我们人类一度困惑，没看出其中的奥妙：换言之，当个人行动开始彼此连接时，能力便会加强。

对于我们这群在线性社会里长大，满脑子都是精密分析的人来说，这种集体智慧的乍现方式往往令我们觉得神奇。实际上世界咖啡参与者对于这种现象所做的描述，也令我着迷。以下是他们的一些说法，请注意看他们的用词有多么不寻常：

“场中魔法！”

“出现在会场中央的那个声音！”

“不管讨论内容是什么，都能不可思议地体验到人性，包括我们自己和别人的。”

“在桌子中央有种东西正在孕育成形。”

“一起加入我们的，是一个更大的整体，我们隐约知道它一直都在，只不过我们从没认真思考过。”

对我而言，集体智慧乍现的那一刻是令人屏息以待的。即使我知道这种智慧早晚会形成，但我还是会因为它的出现震惊不已。集体智慧的乍现会让人舒一口气。原来我们真的知道怎么解决自己的问题！我们可以找到有效的对策！我们只是一直找错方向——我们找专家、我们寻找外部资源、我们借助于精密但空洞的分析。但这个智慧却一直等在那里，等我们进入有意义的对话和更深层次的连接，等我们明白——只有合作，才有智慧。

我的最后一点拙见是：这本书最棒的地方在于，它的内容设计仿佛让人亲身经历世界咖啡汇谈一样，它尽可能用世界咖啡的形式来呈现书中的内容。我们在书中见到许多陌生人，我们不认识这些人，他们的工作可能和我们完全不同，但他们利用世界咖啡汇谈来讲述自己的经验故事。他们的故事很有说服力，就好像我们和他们同坐在一张咖啡桌上，一起交换故事，一起互相学习，越靠越近。然后我们那位才华横溢的主持人朱安妮塔走了进来，热情邀约我们进入另一种层面的学习。她用世界咖啡汇谈的语调在说话，她在邀请我们，引起我们的好奇，协助我们不断深入探索。在她的带领下，我们能看见一些还很模糊的东西，也找到一些我们可以活用在工作上的概念与技巧。等到所有故事和心得都编织好时，我们开始注意到其中的模式与见解，而这些模式和见解都是我们在打开这本书之前看不见的东西。等到整本书进入尾声时，我们也等于经历了集体见解和集体智慧，见识到集体思考的魔法。

我希望你们也喜欢这本书的内容。希望你们阅读它，品味它，活用它，甚至开始自己主持世界咖啡汇谈。只要有足够多的人肯投入这些事，我们就能带领大家重回那个美好的世界，在那里人们喜欢一起共事，人们可以靠合作性汇谈孕育新观点和新的行动可能性，工作和生活被重新赋予新的意义与可能性。于是，我们的未来又被新希望重新点燃了。

前言

汇谈的开始：邀请您进入世界咖啡

我出生在20世纪60年代。在那个社会和政治都动荡不安的年代，我们很多人都决定要敢于直言，看穿事情的表面，找出背后的真相。早年我像个社会改革激进分子，有着如火的热情，但如今那种热情已趋冷静，取而代之的是同情与怜悯，只因为这30多年来我在各种法人体制下，不断近距离地处理一些人和机构在改变上所遭遇的两难与矛盾之处。于是，我的“自以为是”和“理所当然”被磨成了谦卑，我渐渐明白“敢于直言”其实有很多种方法——任何一件值得一谈的事，都可以从各种不同的角度来谈。正是这种“觉悟”，使我下定决心要与你们分享一个学习之旅的故事，而世界咖啡就是在这个学习之旅之中形成和兴起的。

当年我在佛罗里达州迈阿密南边的郊区长大，我家的客厅和餐桌边总是有人在高谈阔论。他们可不是一般的聊天，而是针对重大的问题展开热烈讨论——主题不外乎公平正义、民主民权之类。佛罗里达州的公民自由就是从这些住家和教堂里常见的高谈阔论当中孕育而成的，并茁壮成长为一股力量，这股力量在南方发生“大动乱”时对情理分明与公平正义提出了要求。

到现在我还记得我十几岁的时候，我们在南墨西哥养祖母家里的精彩对话。第二次世界大战期间，从欧洲流亡出来的特拉蒂·布罗姆，当时在遥远的恰帕斯（Chiapas，墨西哥南部的一个省）建了一所以环保议题为主的全球对话及行动中心，那时候“可持续性”这几个字还没成为全球的流行话题。在她家餐厅的长桌上，人类学家、作家、科学家及造访当地的旅行者齐聚一堂，和蓝卡敦玛雅族（Lacandon Maya，玛雅族的一支后裔，分布在墨西哥）的雨林居民及恰姆拉（Chamula，恰帕斯省中央高地的自治市）高地的印第安人一起享用美食。这个形形色色的多元化群体，总能碰撞出各种新知识、新发现和一些意想不到的联想。半个世纪后的今天，Na-Bolom Center 仍然是一个可供大家在餐桌上，通过对话交换不同的意见、观点的地方。

当年我以社团组织者的身份与凯隆·查维斯（Cesar Chavez，墨西哥裔的美国劳工运动者和领袖）共同参与农工运动时，就是靠这种无数次的非正式会议，在摇摇欲坠的住家和工棚里，大伙儿齐坐在破烂不堪的长沙发上争相发言讨论，创造出一次又一次的小奇迹的。通过对话与反思，曾经世代困住农场工人的潜藏的观念开始松动。当人们一起共食玉米饼和大豆当晚餐时，他们也开始分享生活里的小小愿望，想象一下那些不可能发生的事。日积月累，人们开始提出假设性问题，再从假设性问题演变成有何不可的想法。

过去的 25 年来，我一直在大型机构里和那些挣扎着迎接知识时代各种挑战的高阶主管在一起，担任他们的战略和思维伙伴。在那个领域里，我的语言和描述方式，渐渐变得颇有核心企业流程里战略性汇谈和对话的味道。我的社群组织也开始偏重非正式的实践社群，这种社群才是创造新知识与学习这类社会过程的摇篮。但不管如何，我生命的那些主线从来没有断过，我还是深信唯有针对重大问题展开汇谈，才能真正形成在意这些问题的社群，才能展开合作学习，才能在行动上全力以赴——不管是工作上、社群里，还是在家里。

非常重要的对话

通过我们的对话，一些真实故事和未来画面交织浮现，如今这种对话过程已变得史无前例的重要。我们对地球公共资源的忽视，造成现在的人类开始有“能力”把这个珍贵的地球，也就是我们的家，搞得再也无法居住。由于暴力程度的升级，以及先进武器的破坏威力，我们也有“能力”把人类这个物种连同其他物种一起灭绝。但反过来说，现在也是机会出现的关键时刻。我们从未像现在这样，通过网络和其他媒体，在通信及资讯分享上紧密连接，我们的集体智慧在很大程度上都能被看到，这个程度比几年前我们能想象到的大很多。我们生平第一次有能力针对眼前现况，选择相应的解决方法，展开有关联的全球性汇谈及行动，而且这种汇谈不是由任何单一机构、政府或企业正式主持的。现在该是我们主动参与这些对话的时候了。人类这个物种之所以存活下来，不管是在全球的任何角落，或许都是拜我们能灵活回应以下几个问题所赐：

- 我们该如何提高自己的能力，以更加深刻地思考，一起讨论那些我们社群、组织、国家乃至整个地球所面临的关键问题?

- 我们该如何取得集体智慧，以便为未来找到创新之路?

这本书汇集了个人与集体的案例故事，讲述这些案例故事的旅程都在探索以上问题。在这本书里，我和我的伙伴戴维·伊萨克，以及一个旨在探索和实践的全球性团体，共同成为积极的参与者。这本书是在告诉你世界咖啡是如何被发现与演变的。世界咖啡有一个简单却有效的对话流程，它能促进建设性的对话，集思广益获得集体智慧，创造行动上的无限可能，尤其适用于无法靠传统对话方式来运作的大型团体。

只要有兴趣创造真正重要的对话，不管是谁，都可以参加世界咖啡。它的七项核心设计原则，可以帮忙改善人们共享知识、同塑未来的集体能力。世界咖啡汇谈也让我们注意到，组织和社群在运作时会出现一种极具生命奥妙的连接模式——它是一种由对话和意义创造所构成的无形网络，我们就是通过这些网络去共同打造未来，而且往往是以一种意想不到的方式进行的。

世界咖啡运行模式

领导者和其他参与者若能真正了解世界咖啡的流程、原则和模式，就有能力主持世界咖啡和其他类型的汇谈，甚至能针对组织的实际工作和关键问题，创造出动态化的汇谈及知识分享网络。

世界咖啡汇谈如何运作

世界咖啡汇谈的设计前提是：人类本身已具备足够的智慧和创造力，可以面对和应付眼前最困难的挑战。世界咖啡汇谈整个过程虽然简单，却能产生令人惊叹的成果。世界咖啡的创新型设计，能使群体，通常是数以百人计的大型群体，在设计的汇谈架构下，以四五人为一组的方式展开若干轮对话，但同时仍保持着作为单一的、更大范围内汇谈的一部分。当这些人在各组之间移动位置、异花授粉似的交换观点，用新的视角去审视这些与自己人生、工作或社群相关的问题时，各组之间的小型对话也开始互相连接、互为基础共同推进谈话向更深层次发展。随着新的连接网络不断扩大，分享的知识也越来越多，对整体的感觉也越来越强烈。群体的集体智慧变得触手可及了，各种可能的创新之举也随之浮现。

在世界咖啡汇谈中，人们往往迅速地从平常的聊天——这种让我们沉溺于往事的聊天方式，经常是各说各话，而且很肤浅——迅速转变为真正有意义的汇谈。在这种汇谈中，参与者针对大家真正关心的事情，有更为深刻的集体理解或进一步的行动。世界咖啡馆的七项设计原则整合运用时，能创造一种适合汇谈的氛围，类似于适合植物生长的温室一样，提供有利的环境条件，供知识快速传播。这些设计原则不只适用于正式的世界咖啡汇谈，也可以提升其他类型对话的品质，使你的汇谈方式比传统的汇谈方式更为有效，从而最大限度地利用组织或群体的才能与智慧。

世界咖啡汇谈同时也创造一种鲜活体验，使我们能感受到为了达到共同思考、强化群体、分享知识以及激发创新的目的，我们会如何自发地组织在一起。这让我们更清楚地看见汇谈作为一种鲜活的力量是多么重要，因而我们会更加有意识地发挥它的力量。世界咖啡汇谈以创新的方式，证明了生命系统理论是可以应用于实践中的。

世界咖啡汇谈是一种精心设计的汇谈流程，也是一种更深层次的生活系统模式，对会议的策划、战略的形成、知识的创造、快速的创新、利益相关方的参与及大规模的变革，都有着立竿见影和实际的启示。亲身体验一次世界咖啡汇谈，可以帮助我们以后在如何更好地参与各种有助于塑造我们的生活的汇谈方面，做出适合自己的、专业的选择。

世界咖啡走向全球

自 1995 年发起，全球六大洲数以万计的人，参与过世界咖啡汇谈，或在可容纳 1 200 人的饭店舞厅，也有的在只能容纳 10 来个人聚会的温馨小客厅。在某个全球消费性产品公司里，来自 30 多个国家的高层管理人员运用世界咖啡汇谈，创造出全新的全球营销战略。墨西哥政府及企业领导人，曾把世界咖啡运用于他们的情境规划中。60 多个国家的地方社群领袖，更曾在斯德哥尔摩科技峰会（Stockholm Challenge，该大会为那些创新公用产品技术的人员授予奖项，这个奖项相当于该业界的诺贝尔奖）期间参与世界咖啡汇谈。

美国及欧洲等地的教职人员正在架设虚拟的线上“知识咖啡馆”，来开办远程学习项目。在新西兰和美国，世界咖啡启发创建了可用于举办世界咖啡汇谈的场所，人们可以在那里探讨企业未来、可持续发展及社群合作等重大议题。世界咖啡更是全力支持“对话咖啡馆”、“通用方法咖啡馆”和“美国大家谈”等重要民间自发性组织，召唤不同群体共同探索当代议题。地方教堂及学校也小规模地运用世界咖啡的流程来建立社群，达到集思广益的目的。

无论在企业、政府机关、医疗卫生组织、教育机构、非营利组织或社群组织，只要你是想靠对话来培养建设性关系、合作性学习，或者为现实生活中的各种挑战和关键性战略问题收集集体见解，世界咖啡都能做出独到的贡献。特别是针对大型群体时，贡献尤其明显，因为传统的对话圈方式大多是为一般规模的群体所设计的。

探索与实践的社群

随着全球各地的同人们不断实验世界咖啡汇谈的理论与实践，并记录成果、分享观点、互相学习，一个全球性的世界咖啡学习社群——

以及这本书——也在不断地发展中。

在本书中，我将作为讲述者和主持人，把世界咖啡先行者以及其他同人们的故事、反思以及汇谈编织在一起，与大家一起分享我们的发现，以及一些“未知”的问题。在“视角与观察”部分，我将分享我个人的体会和思考，并向大家介绍那些对我们的学习做出贡献的人们。

所有先行者的行动，都不可能是完美的，它只是反映出那些曾在旅程中部分参与或曾参与初步规划的人们的特定兴趣及视角。我与众多伙伴一样，只是推动这项工作核心部分的成员之一。希望你我在书中结伴，能从中知道如何针对组织及社群里特别需要关注的问题，激发新的汇谈。

这本书以及我当年的世界咖啡博士论文所用的研究调查手法，都是用“欣赏式探询法”，这是一种组织学习和发展的方法，由戴维·库伯莱德及其凯斯西储大学的同人们首创。欣赏式探询法能引导我们去关注一些真正管用的东西，让我们去思考有什么事情可以为某种经验注入生命与活力，可不可能将它发扬光大。不过也别忘了，在世界咖啡汇谈中，也可能遇到其他群体所遇到的任何问题。只不过世界咖啡汇谈强调的是密切交流、严格探询、交换观点及可能性的思考，所以往往能在心理上建立一定的安全感，降低不当的自我炫耀和固执己见的可能。世界咖啡汇谈的特殊设计，常能轻松解决一般群体会议场合所常见的问题。

你能从书中学到什么

本书第 1 章介绍了跨学科思想领袖们的见解，这些见解揭示了汇谈对塑造我们生活和未来起了关键却往往无形的作用。第 2 章邀请你把汇谈当作一个核心流程——它是一种基础方法，群体和组织可以通过它去改造周围环境，催生出有助于成功的必要知识。此外，该章也会简单介绍世界咖啡汇谈的七项核心设计原则，这七项原则对于理解世界咖啡汇谈方法至关重要。

第 3～9 章会逐一介绍世界咖啡汇谈的七项核心设计原则，每章重点介绍一个原则。每章开篇的案例故事，则让我们看见全球各地的世界咖啡主持人在运用这些原则激发有意义的汇谈时所具有的创新性和想象力。这本书的核心正是由现实生活中这些点点滴滴的“学习故事”所构成的，其中有主持人的两难处境，也有他们的心得发现。相比那些深奥的论文、教学或培训手册，这些故事提供了更多创新的观点，教你如何设计一场适合自己现状的世界咖啡汇谈。然后，各章再以这些经验故事为基础，讨论各项设计原则背后的概念，以及更广泛情境下的应用方式。

第 10 章则聚焦在前面七项设计原则所没有涵盖的，关于主持世界咖啡汇谈方面的一些实践技巧。这一章可以独立作为世界咖啡汇谈的主持指南，帮助大家在不同场合下应用世界咖啡汇谈。如果你想大概了解主持世界咖啡汇谈的各种技巧细节，这是你起步的好地方。对于已经有其他群体对话经验，又想成功主持世界咖啡汇谈的人来说，这一章提供了许多必要的资讯；如果你已经参加过世界咖啡汇谈，那就更理想了。

第 11 章开篇以几个短篇故事来说明领导人是如何将世界咖啡汇谈的方法，活用在自己的汇谈式领导中的，这种汇谈式领导能力可以激发组织和社群里的共同智慧去迎接现实生活中的各种挑战。以这些故事为背景，我们进一步探讨了汇谈式领导者可以如何发展组织结构和个人能力，运用汇谈为核心过程培养更强大的商业和社会价值。

第 12 章强调了如果接收并践行贯穿本书的“思想及现实经验”可能形成的社会效应及对未来的影响。它鼓励人们加入汇谈和思考的大家庭，分享各种见解和发现，为创造一种汇谈的文化贡献自己独特的力量。

在结语里，世界咖啡领域里的元老级前辈安妮·多施尔博士将与我们分享启迪她生命的一些问题，她也要告诉我们，为什么她会把自己的余生全部投入到培养一种汇谈文化中去。接着，麻省理工学院斯隆管理学院资深讲师兼国际组织学习协会创办主席彼得·圣吉，会根据我们和全球的重要领袖合办世界咖啡汇谈的共同经验，发表结束语。

如何进入书中世界

打开本书，就可看到通用一致的框架结构。在这一框架下，大家可以根据自己的阅读风格及喜好，来阅读本书内容。每章都会以一段引文、一幅插图和一个问题作为开场，来说明这一章的主旨内容，这样即使只看了章节的开端，就能对该章的主要内容有个大概了解。每章的**“案例故事”**，都在强调如何把该章的核心观念应用在实践中。这些故事虽然只是在为一些正在进行的工作做简单的“瞬间留影”，却能让你明白其实有很多方式，可以在自己的生活及工作上灵活运用世界咖啡汇谈。接下来在**“视角与观察”**部分，我会以主持人的身份和大家分享不同领域的领先思想家们在其专业领域的见解，从而探索汇谈的本质和世界咖啡的学习经验。你会在每章结尾处找到**“问题的反思”**这个部分，它将提出许多你在召集和主持重要汇谈时必须深思的问题。

每章的案例故事，都在强调如何把该章的核心观念应用在实践中。

我们会特意引用各种意见、各种表述方式，并灵活运用各种插图，来强调一些重要观念。本书在描述世界咖啡汇谈的流程时，我们会交叉使用这几个术语——世界咖啡、世界咖啡汇谈和世界咖啡对话。另外，你也会发现到一些像“知识咖啡”“领导力咖啡”“战略咖啡”等，以及其他人们以多种方式对基本世界咖啡模式的命名和调整，从而满足它们自身独特的需求和用途。

虽然这本书不是一本关于如何举办世界咖啡汇谈的操作手册，但你还是可以从中找到许多关键步骤和实践方法，可用于为各种不同的组织和社群主持有意义的汇谈。我们发现世界咖啡汇谈的一个显著优点就是简便性和多样性。事实上，如果你有领导团队或与团体共事的经验，那么只要仔细阅读每章开篇的案例故事，并详细阅读第 10 章的内容，就拥有足够的知识加以实践了。无论是否采取世界咖啡汇谈的模式，书中的七项设计原则和各种主持技巧，都会有利于你召集各种目的的汇谈。即便你不打算自己举办世界咖啡汇谈，本书也能对你有所帮助，为你提供更多的视角来决定你所在组织的聚会、会议或者静修活动选用的方法是否合适。

正如我之前提到的，每章结尾部分的“问题的反思”，都会鼓励你反思自己各种重要汇谈的经验和发现。现在请花一点时间思考下面的问题：

- 为什么我想读这本书？
- 如果我把这本书当成我与作者之间的个人对话，这会如何影响我获取他们与我共享的信息内容？
- 在我读这本书时，有什么问题如果能好好探索，或许能一定程度地改变我的生活和工作？

请保证有足够的空间来记录你的想法与反思。想象自己在一场世界咖啡汇谈中，书的扉页就是世界咖啡的桌布。注意那些与你个人经验或心得有关的东西，写下值得注意的重点与发现，就像你在自己的组织或社群里参与重要的对话一样。想清楚你自己的问题，并将你的声音加入到汇谈中去。

西班牙诗人安东尼欧·马加多曾在他的一首精彩诗作中提醒我们："路是我们自己走出来的。"所以邀请你加入我们，踏上我、戴维以及世界咖啡社群所共同走的这条路，希望你和我们一样，被世界咖啡汇谈的力量和希望所吸引和鼓舞。我们也希望你能找到世界各地咖啡汇谈所创造的价值，鼓舞自己迈向未来。

欢迎来到世界咖啡！

目录

第1章

看见无形：汇谈很重要！

仅仅告诉人们新观点远远不够。你必须让他们以某种方式去体验，从而激发它的能量和可能性。与其灌输知识到人们的大脑，倒不如帮他们打磨一副新眼镜，让他们用新视角去看世界。

——约翰·希利·布朗，《不同视角：关于创新》

The World Café

如果人类如鱼得水般地自在汇谈，那将如何呢？

案例故事

发现世界咖啡：智力资本先驱会

戴维·伊萨克 口述

> 戴维·伊萨克，既是我人生的伴侣，也是我工作上的伙伴，是世界咖啡的共同发起人。在这篇故事里，他和我们分享了世界咖啡因缘际会的诞生过程，一些实践群体，以及我们对于世界咖啡汇谈中什么在发挥作用的一些早期思考。我们第一次的世界咖啡汇谈经验让我们意外发现，对话对于我们塑造未来，起到非常重要的作用。

1995 年 1 月一个多雨的清晨，在加利福尼亚密尔峡谷的家里，我通过客厅外院子边的那棵大橡树向外看，只见塔玛尔派斯山头乌云密布。为了第二天智力资本主题的战略汇谈，24 人将在半小时后光临这里。我和朱安妮塔主持这场聚会，瑞典的斯堪地亚企业智力资本副总裁雷夫·埃德温生协助我们。这是智力资本先驱会（Intellectual Capital Pioneers）系列汇谈的第二轮——智力资本先驱会由一群企业精英、研究人员和顾问组成，他们来自 7 个不同的国家，都是这个领域的先锋人物。

智力资本与知识管理领域仍处于萌芽阶段，目前没有相关书籍，也没有相关指南。我们只能摸着石头过河。昨晚我们正在探索这个问题：“领导力在充分发挥智力资本的价值中扮演着怎样的角色？”

朱安妮塔有些焦虑，在准备早餐、咖啡时，就担心：“假如雨一直下，客人到达时就不能进入到院子里面去，我们如何布置好日程中所需的场地呢？”这时我灵光一闪：“为什么不在客厅里摆上我们的电视桌，人们可以坐在桌子边喝咖啡，同时等待其他人的到来？然后我们再收起这些桌子，开始我们的正式汇谈。”

朱安妮塔舒了一口气。在我们摆放小桌子和白色塑料椅时，我们的互动绘图专家汤米·纳盖罗斯驾到，她说：“这些桌子看起来像咖啡桌，我觉得我们还需要一些桌布！”她随即抽出几张白色画纸铺在每对拼好的电视桌上，一下子事情变得有趣起来！我们放下了对下雨的焦虑，大白纸桌布一扫我们的烦恼。朱安妮塔决定在咖啡桌上摆些鲜花，于是下楼去取小花瓶。与此同时，汤米又在每张桌上加上几支彩色蜡笔，就像许多邻里咖啡馆一样。然后我们又在大门前制作了一面很可爱的招牌，上面写着“欢迎来到驻家咖啡馆”，名字来自我们家地址的谐音——驻家大道，实际上它不过是山边一条很窄的登山小路。

朱安妮塔在桌子上摆花的时候，人们陆续到达。大家觉得开心而又有趣。取了咖啡和牛角面包后，大家便在咖啡桌旁随意聚集，开始聊起了昨晚的问题。人们如此投入，开始在桌布上涂涂写写。我和朱安妮塔快速商定，不以汇谈圈的正式形式来启动聚会，而只是鼓励他们继续分享在汇谈中碰撞出的火花，以此促进发现领导力和智力资本之间关系的精髓。

45 分钟过去了，汇谈仍热烈进行着。我们的一位成员查尔斯·萨维奇大声说道：“我很想听听其他人讨论了什么，为何不每桌留下一个主持人，其他人‘旅行’到其他桌，带着我们思想种子，和其他桌的内容做连接？”大家达成共识，这个建议很有趣。于是人们在几分钟总结后，开始在房间里走动交流。桌主持人留在原位，其他人则走向其他桌来继续汇谈。

这一轮的汇谈持续了一个小时，现在整个房间里充满活力。大家情绪激昂、全情投入，几乎都不能呼吸了。一个伙伴又大声说："为何不再试一次，把新的桌主持人留在原桌，其他人继续旅行，继续去分享和连接我们的发现？"

汇谈继续进行，而屋外倾盆大雨。大家围在电视桌旁，一起学习，一起检视各种观点与设想，一起建构新知识，在彼此的图标和图画上添加新的内容，在桌布上记下关建词和想法。朱妮安塔抬头一看，意识到竟然快到午餐时间了。我们自己也加入他们的汇谈，几个小时飞逝而过。

房间里的能量似乎可以伸手可及，空气仿佛都在闪光。我请大家总结汇谈内容，汤米则在客厅的中央地毯放了一张大壁画纸，然后请大家聚在这张大壁画纸的周围。这张大壁画纸看起来其实很像一张铺在地板上的巨型桌布。接着，我们请每个小组也把他们的桌布放在大壁画纸周围，然后大家漫步浏览这些桌布，并留意在漫步的过程中，浮现在我们脑海中的模式、主题和见解。

朱安妮塔和我细细品味着大壁画纸上以视觉化的方式呈现的集体发现与见解，我们知道某些极不寻常的事情已经发生了。我们正在见证某种难以言状的东西，好像有个"大我"的智慧在我们眼前展现，超越了客厅里每一个“小我”的智慧。如魔法一样——一个令人激动的时刻来临了，我们共同发现的东西很难形容却又如此的似曾相识。世界咖啡的流程让这个团队得到了某种获取集体智慧的方式，这种智慧来自人们的想法在各桌之间的流动和连接，在不同见解之间的“异花授粉”。

视角与观察

那场突破性的会议后的第二天，戴维和我，还有昨天也出席会议的丹麦同事芬·沃多夫，想弄明白发生了什么。我们回顾昨天的各种要素，审视它们是如何贡献得以让鲜活的知识喷涌而出的。我们思考昨天他们进入房间，便看见五彩缤纷、盛情邀请的驻家咖啡馆时，心里感受到了什么。是不是咖啡馆本身就是某种原型——一种全球熟悉的文化形态——即刻间唤起我们曾经体验过的那种彼此的亲密感以及集体参与感？尽管没有给参与者正式的指导和汇谈训练，是否是很多人对于咖啡馆积极的联想，促发了自然而然的简单真诚的汇谈？

我们也认真思考过那些引发合作思考的问题扮演的角色。会不会归功于我们让汇谈围绕在参与者关注的核心问题：“领导力和智力资本有什么关联？”这影响了集体见解的质量和深度吗？接下来是各组之间想法的异花授粉。是不是将想法从一个小组传递到另一个小组促发了不同视角之间意想不到的、有生命力的新连接？我们也思索过人们在桌布上的随手涂写的作用，还有后来大家在共同探索发现时在大壁画纸上集思广益的做法，它们是不是也发挥了功效？人们在桌布上直接看到彼此的想法，类似人们在餐巾纸上即兴涂鸦或记录想法，这种做法的意义又是什么呢？

当我们试图阐明我们的体验时，我们想到历史上有多少新的观念和社会创新，不都是在咖啡馆、沙龙、教堂或客厅等非正式汇谈中萌芽和传播开来的吗？我们这才意识到，那天在客厅里世界咖啡汇谈体验到的，正是引发人类社会中知识分享、变革及创新如何发生的深层次生活模式的小缩影。我们回想起，法国大革命从沙龙运动萌芽，缝纫社交圈和通讯社团促发了美国独立运动。芬提醒我们，学习社交圈的传播网络孕育了20世纪初斯堪的纳维亚的社会与经济的复兴。我们也回想起，原来戴维和我早年参加的包括农场工人运动在内的社会运动的经历，全是遵循相同的一套发展模式。重大改革的奠基者常常说："好吧……一切开始只是源于我和几个朋友的汇谈。"

客厅里演化出的汇谈网络，似乎让我们直接体验到大规模的组织改革和社会改革发生的经常是无形的方式——我们常称之为"自然的战略规划过程"。我们人类是不是已经深深沉浸于汇谈，就像鱼儿在水中，汇谈已经成为我们赖以生存的工具，而我们对这一切还浑然不知？我们莫非是偶然找到一套原则，这套原则会让大型组织更容易注意和实施这样一个自然而然的过程，从

> 我们人类是不是已经深深沉浸于汇谈，就像鱼儿在水中，汇谈已经成为我们赖以生存的工具，而我们对这一切还浑然不知？

而围绕关键问题或关注焦点开发集体智慧。也许这种见解会帮助那些领导者更有意识去建设针对组织重要问题展开的汇谈网络。

经由那次汇谈，世界咖啡的图景浮现出来，成为一种核心象征，指导我们不断探索那个雨日带来的无限可能性。我们当中有许多人开始尝试应用这种方法，不同情境下举办世界咖啡汇谈，并彼此分享践行过程学到的东西。

在一个意想不到的境遇下，我突然非常清晰地认识到汇谈是如此重要。汇谈太重要了！

共识创造新世界

我是博坎纳研究院主办的一个生命系统研讨会的联合讲师，这个研究院在全球倡导领导力新模式。同在研究院就职的佛里耶夫·卡普拉是著名物理学家和生命系统理论家，做了一个有关知识的本质的报告。他以客观、专业的风格，分享了两位智利科学家（进化生物学家哈姆博托·马图拉纳和认知学家弗朗西斯科·维里拉）的惊人观点。我无法充分阐述他们的开创性研究的博大和精妙之处，但我可以和你分享它的一个关键观点，因为我认为它对于人们如何看待这个世界以及我们如何选择生活方式有直接影响力。

马图拉纳和维里拉的研究结果再次重申，我们人类已经进化出一种独特的能力，用于汇谈以及区分语言的意义。这种通过汇谈产生各种意义与情绪的天赋，使我们人类可以分享想法、愿景、意图和觉察。

自从我们祖先围着篝火取暖，汇谈就成了一个主要的手段和工具，被我们用来发现共同关心的东西、分享知识、想象未来、共同生存和成长。

小群体里的人把想法传播到更大群体里，带着思想的种子，孕育出新的汇谈、创意的可能性和群体的共同行为。这个系统的过程体现为自我强化和创造意义的网络，这个网络来源于汇谈创造的互动性之中。马图拉纳和维里拉指出，因为我们生活在语言里，也生活在因语言而促发的行动里，因此，我们能通过我们所参与的汇谈网络去“创造一个世界”。我们通过汇谈来显现和分享自己的知识。从这个角度而言，汇谈即行动，是组织、社群、社会等社会系统的血脉与心脏。

当各种新的意义和与之匹配的相应的行动开始在更大范围的网络传播时，未来就形成了。然而条条大路通未来，不必拘泥一种路径。马图拉纳在国际组织学习学会稍后举办的一场激烈的研讨会上，做了如下演讲：

> 我们人类的所有一切，都是通过汇谈来完成的……我们生活在汇谈里，新事物不断出现。一旦我们接受这些新事物并与之共存，新的领域便出现了！因此我们现在才会生活在叫作公司、利润、收入等有趣的东西里，而且依附于它们……与此同时，我们也不必被这些我们创造出来的东西给缠住。人类最独特之处就在于我们会反省，会说：“哦，我现在对这件事一点兴趣都没有。”于是改变方向，寻找他路。其他动物却无法自我反省，因为它们没有生活在语言里。只有我们会把语言和汇谈当作生活方式……我们享受这种方式，我

们用语言关爱彼此，也用语言伤害彼此。我们可以通过汇谈去扩大或限制语言所及的范围。这是我们的核心。就像所有生命系统一样，我们在开拓自己的道路。

因此，从人类进化的角度来看，汇谈绝非我们平常所做的微不足道的事。汇谈是我们人类用来共同思考和协同行动的核心流程。在人类的各种群体学习与共同演化活动中，具有生命力的汇谈过程是其中的核心。汇谈是我们人类用以创造并保持甚至改变我们现实生活的一种方式。

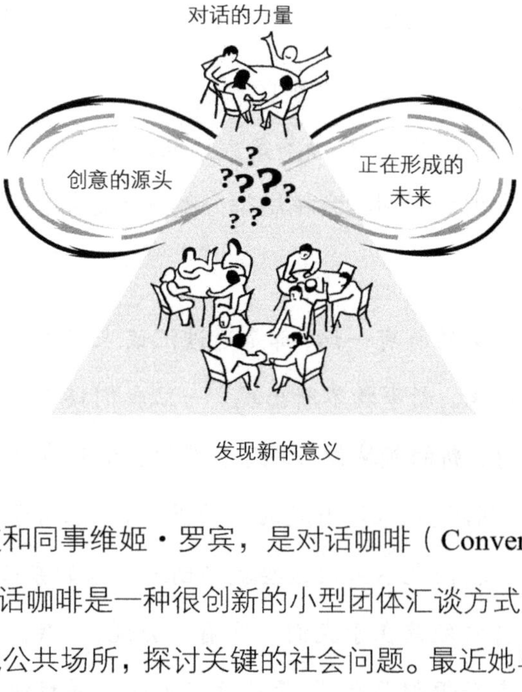

我的密友和同事维姬·罗宾，是对话咖啡（Conversation Cafe）的创始人。对话咖啡是一种很创新的小型团体汇谈方式，邀请人们到咖啡馆或其他公共场所，探讨关键的社会问题。最近她与我进行了有趣的交流，说到这种隐形的汇谈过程如何在日常生活中发挥作用。

我们会和自己的心灵对话，聊聊过去、现在和未来。有了自我对话，我们才会和其他人探讨过去、现在和未来，通过情感和思想的交换，创造出个人和共享的可能性。然后我们各自带着这些创造的意义及可能性，汇入其他对话中，这些对话发生在家里、工作场所、教堂、会议室、卧室、市政厅等。一个女儿对他父亲说担忧未来……结果公司的政策发生改变。一个父亲对他女儿说，他很关心她的未来……从此全新的人生旅程展开，继而影响成千上万的人们。流水线工人找老板谈……结果工厂被重新设计。市民们在听证会上作证……于是社会议题的优先顺序发生变化。我们在汇谈中让世界运转。一个声音响起——那是一种在各种汇谈之后产生共振的想法——它告诉我们什么是集体智慧。有些人会为这个声音添砖加瓦，于是对我们人类而言全新可能的东西开始进入我们的语言，而语言正是创造意义的工具。我们从语言的描述当中看见自己——我们思考着："天啊！前所未有，但那又是真实的。"我们讨论着……再次为我们自己塑造集体愿景。汇谈塑造了我们这个时代的灵魂和实质。

另一个同事也和我分享了一个精彩的故事，这个故事很有说服力地说明我们的确可以通过汇谈来打造未来。故事始于一次晚餐汇谈，四个朋友在慕尼黑一位年轻女企业家的家中，他们一边享用着牛排和红酒，一边展开交谈。这场餐桌上的汇谈在数周后，竟演变成第二次世界大战以来德国境内最大规模的一次群众运动。

在晚餐期间，这四个朋友决定，到了他们从"沉默的大多数"中挺身而出的时候了，抗议近来不断出现的新纳粹攻击外国人事件。等到他们享用完甜点，已经达成共识要号召几个朋友和同事，参加一场沉默的烛光守夜活动，以此对抗不公正的事情。他们的第一次聚会吸引100人前往市中心一家很受欢迎的酒吧。会后每个人都表示各自要再号召10个人，展开更大规模的第二次聚会。几日之内，“烛光汇谈”通过在企业、学校教堂和民间团体的人脉圈蔓延了整个城市。最初的四个人乃至整个国家，看到慕尼黑40万人参加守夜时，都震惊万分。

受到慕尼黑聚会的鼓舞，其他城市的居民也开始举行汇谈，并在接下来几周进行守夜活动。汉堡超过50万人参加，柏林有20万人，法兰克福、纽伦堡和其他城市也有10多万人。很多小城镇也紧随其后，加入这次全国大讨论，主题是“你是否接受新纳粹行为”。这种看似永无止境的烛光之链，已经成为该国集体承诺的有力象征。这次活动始于汇谈，却汇聚起狂澜，大声抗议新纳粹行为，而当时互联网还没有被广泛应用。

汇谈就是生产力

我兴奋地发现马图拉纳和维里拉的工作研究着汇谈塑造未来的力量，也见证了很多有关这种力量在行动中发挥作用的鲜活例子。生平第一次，我看到和我们有着截然不同背景的前卫思想家，正在探索着与我们相通的东西，这些东西是我和戴维从社会活动和早期世界咖啡的生活经验中直接感受到的。当我们看到其他领域的学者以及实践者努力描绘的图画时，一种充满魅力的格局开始显现。

尽管在他们各自探索的大拼图里面，有关汇谈重要性的观点只占了一小块，但如果把这些想法全汇聚在一起，便呈现出汇谈对于塑造我们未来的关键作用。我很乐于和你分享一些想法，让你也体验一下，当我们把这些拼图在一块大墙板上组合起来时我们注意到的东西。请耐心阅读接下来的几页，它们是来自不同领域的思想领袖发出的肺腑之言。相信你会发现他们的想法多么有启发性！

汇谈很重要！

学习型组织

真正的学习型组织，是一个创造性汇谈和协调性行动发生的地方，它能创造出一个和谐的场域，产生巨大的力量，帮助人们从汇谈中发现新的事实，并付诸行动。

弗莱德·科夫曼和彼得·圣吉合著的《组织动态》（*Organizational Dynamics*）“有决心的社群”（Communities of Commitment）

政治

民主始于人类的汇谈。任何公民为民主复兴可以做出的最简单又不构成威胁的投入，就是和别人开始交流，提出问题，并相信对方的答案很重要。

威廉·格雷德（Willam Grelder）的《谁来告诉人民》（*Who Will Tell the People?*）

战略

制定战略就需要建设一种丰富而复杂的汇谈网络，可以跨越过去的知识孤岛，创造出各种前所未见、意想不到的观点的组合。

加里·哈默尔（Gary Hamel）“寻找战略”（The Search for Strategy）发表于《财富》（*Fortune*）

信息技术

信息技术针对汇谈的重要性提出一种更激烈、更紧迫的观点。汇谈速度越来越快，覆盖到更多人群，连接起更远的距离。这些交织在一起的汇谈令社会组织与知识交流得以以有力的新形式发生。

雷克·里文等（Rick Leving and others）《破茧而出》（*The Cluetrain Manifesto*）

教育

在促进人类成长与发展的社群里，变革似乎成了共同创造意义和知识时的自然结果，是各种重要汇谈下的产物。领导者必须提出问题，召集汇谈，邀请大家参与其中……在学校和行政区这类社会体系里，一场好的汇谈可以从此改变变革的方向。

林达·兰伯特等（Linda Lambert and others）《建构论的领导者》（*The Constructivist Leader*）

知识经济

汇谈，是工人用以来发掘所知、与同事分享并在分享过程中为组织创造新知的一种方法。在新经济时代，汇谈是最重要的一种工作形式……某种程度上汇谈就是组织。

艾伦·韦伯（Alan Webber）的“新经济有什么新奇之处？”（What's So New About the New Economy？）发表于《哈佛商业评论》（*Harvard Business Review*）

家族治疗

我们应对变革的能力取决于“未表达内容的循环”，取决于我们用“语言”来彼此沟通的能力，取决于我们用来创造新主题、新说明和新故事的语言。在这个过程当中，我们共同创造和发展出我们的现实系统。

安得森和古里夏（Harlene Anderson and Harold Goolishian）《家族过程》（*Family Process*）“作为语言系统的人类体系”（Human Systems as Linguistic systems）

领导力

汇谈对于管理者非常重要，使用语言塑造出新的可能性，重整旧的观点，激发新的承诺保证。积极的汇谈以及对人际关系的关注，是任何社会体系的核心基础。

史利瓦斯文、库柏瑞德（Suresh Srivastva and Daid Cooperrider）《欣赏式管理和领导》（*Appreciative Management and Leadership*）

集体智慧

汇谈是集体智慧的核心。只有我们彼此有高质量的交谈，才能让更高的智慧产生于我们中间。

集体智慧研究院（Co-Intelligence Institute）汤姆·艾特里（Tom Atlee）所著的《民主之道》（*The Tao of Democracy*）

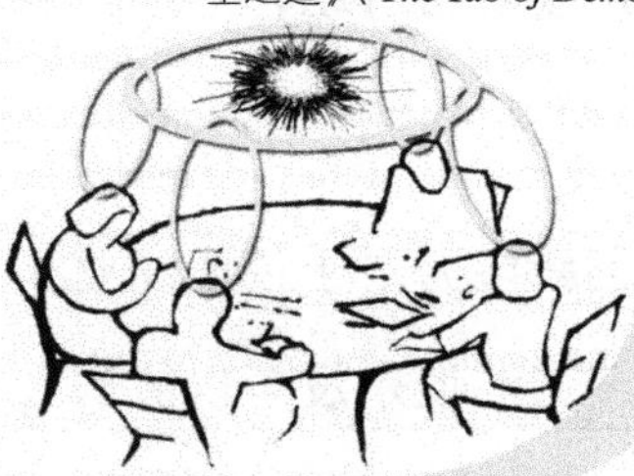

演化生物学

我们人类生存于通过汇谈创造的世界，即便世界最后毁灭人类这个物种。事实上，我们作为会说话的生物起源，这是我们的历史。也就是说，历史和新领域的诞生，都由不同的汇谈网络交织而成。

摘自《爱之生物学的人性起源记》（*The Origin of Humanness in the Biology of Love*）

领导力的发展

随着新商业版图的持续扩张，以及新组织形式的形成，我们的领导能力取决于我们如何主持和展开高品质的汇谈。

得克萨斯大学圣安东尼奥分校专业能力中心主任兼EMBA项目主管罗伯特·莱吉尔（Robert Lengel, PH.D.，Director Center for Professional Excellence University of Texas at San Aneonio Exceutive MBA Program）

对未来的研究

汇谈是新探询的核心，它也许是我们人类在面对巨大挑战时所能采用的唯一核心工具。汇谈的文化是截然不同的文化，它让世界的未来变得不同。如果我们能将有意义的汇谈和互联网的互动所能覆盖的范围结合起来，我们就能拥有巨大的力量来实行自下而上的变革。

未来研究院（Institute for the Future）的《卓越的公司：技术与可持续性交叉点的创新》（*In Good Company: Innovation at the Intersection of Technology and Sustainability*）

意识研究

我认为要个人或集体意识的性质都是可能改变的。至于是从文化层面还是社会层面来解决这个问题，则取决于汇谈。这也是我们正在探索的东西。

摘自戴维·柏恩（David Bohm）的《谈汇谈》（*On Dialogue*）

视野决定行动

如果转移你的镜头，去观察发生在家庭、组织、社群乃至国家中的汇谈的力量和潜能，会看到什么？如果我们相信自己以及他人的汇谈富有意义并愿意付诸行动，又会怎样？这会让我们在日常扮演父母、老师、队伍领导者、会议组织者、组织专家、社区成员以及外交人员等角色时有何不同？

我们生活在我们想象的世界里。

正如马图拉纳和维里拉所言，我们生活在对世界的想象中。当改变视角或考虑转换镜头的实际意义时，我们将会坐立不安。密歇根大学全球领导项目主任诺尔·迪基多年前曾说“视野决定行动”，我们如何看待周遭的世界，我们如何基于我们的想象而行动，将会影响结果。

我们已身处这样一个时代，共同思考和创新能力对于创造商业和社会价值如此重要，我们中的很多人仍然固守“汇谈是没有价值的”，还有很多人“光说不做”以及我们应该“停止空谈立即行动”的观点。林·特韦斯特，一位为改善发展中国家人民的生活水平而筹集上百万美元的社会活动家，拥有不同的观点——这个观点在你阅读本书的案例或反馈时也许会被用到。“我相信，”她说，“我们实际不是生活在这个世界，我们实际是生活在我们汇谈里的世界……对此，我们拥有绝对的、至高的力量。我们有机会塑造汇谈，因此意味着我们塑造了历史。”作为主持人我向你发出邀请，当你开始阅读这本书时，请你戴着全新的眼镜，用新的视野来审视那些等待我们关注的汇谈场景。然后，我们将迎来一个全然不同的新未来。

问题的反思

1．思考那些正发生在你的家庭、组织或社群里的汇谈。在多大程度上，这些汇谈导致了挫败和分裂？或者为工作带来全新的视角和合作方式？

2．如果你相信汇谈的确是获取集体智慧和共同创造未来的核心流程，那么你在实施汇谈时，尤其是在你特别关心的场合里，你会有何不同表现？

3．选定一个即将展开并对你的生活或工作非常重要的汇谈。你会为了提高这次汇谈的质量，特意做一件什么事或做出一个什么选择？

第 2 章

汇谈作为一种核心流程：共创商业和社会价值

在新经济时代里做好管理，不仅需要改变流程，也要改变思维模式……汇谈是人们用来发掘自我已知、与同事分享，并在分享过程中为组织创造新知识的一种方法。在新经济时代里，汇谈是最重要的工作形式。

——阿兰·韦伯的“新经济有什么新奇之处？”，

发表于《哈佛商业评论》

The World Café

如果汇谈真的是成事之道呢?

下面两则案例都是真实生活中的故事，呈现了非常不同的环境下的领导者如何利用世界咖啡，通过汇谈来创造企业的商业和社会价值。

案例故事 1

创造汇谈的文化：坦帕湾，科学与工业博物馆

惠特·奥斯坦柯　弗莱德·斯泰尔　口述

惠特·奥斯坦柯是佛罗里达州坦帕湾科学与工业博物馆（MOSI）馆长。弗莱德·斯泰尔博士是南佛罗里达州大学沟通学教授，也是 MOSI 学习中心研究员。MOSI 是该地区重要科学中心，年访客量高达 80 万人。这个故事是有关这家博物馆如何以世界咖啡汇谈和汇谈式领导艺术为基础，致力于重新界定博物馆和内外部社群之间的关系。

我们已经把科学与工业博物馆（MOSI）设计成一家汇谈的学习中心。我们不想让它只是一个单向的、空谈的科学中心，因此我们努力探索实实在在的学习的真实含义。这不只是为参观者，更是为了我们自己。我们如何像个家庭或社群一样展开共同学习呢？于我们而言，最好的学习都来自汇谈——和董事会、和员工、和更大型的社群，以及和其他科学博物馆或协会的汇谈。

这座博物馆的本质就像世界咖啡，每场展览都像一张咖啡桌。大部分的人都以小团队的方式来参观，因此在参观现场就已经有非正式的汇谈，以及分享心得。然后，当他们从一个展区走到另一个展区，开始和不认识的人交流时，他们便成为一张汇谈和分享智慧的鲜活网络的一部分，就好像真实的世界咖啡活动在上

演。因为我们的参观者中有很多老年人和小朋友，所以整个汇谈是跨两代人的——他们很自然地通过互相学习来交换想法。

我们对世界咖啡的运用不只是在比喻层面上，我们也使用世界咖啡的流程去处理许多关键问题。我们发现世界咖啡的方法，对我们的内部员工、整个专业社群，甚至大众来说都如此有用，以至于世界咖啡的原则已成为我们作为社群机构思维的一个组成部分。

我们第一次举行世界咖啡，是在董事会的休整会议上。大家原本以为那又是一场枯燥的董事会。竟然在结束之际，有好几个人，近乎道歉地对我们说，这是他们第一次感受到和别人真正地汇谈。世界咖啡有助于建立人和人之间的关系——不仅是董事会成员之间，也在博物馆和董事会之间，而董事会正是我们所服务社群的代表。

董事会常被委以募款的责任，通常最好的募款结果来自讨论和理解募款的目的。举例来说，在那次董事会世界咖啡上，大家发现博物馆并没有提供免费进馆参观的基金给社区里的蓝领阶级家庭。这些蓝领阶级家庭并不穷，但要他们花钱买 14.95 美元的成人票和 10 美元的儿童票进馆参观，的确是比较高昂的代价，因此他们很少如我们期许的那样常来。于是，募款协助蓝领阶级和其他低收入家庭，就成了董事会的优先任务。作为那次董事会世界咖啡的想法的成果，募集 100 万美元的计划已开始启动，如此一来无法负担票价的人都能免费入馆参观。

我们使用世界咖啡，产出我们所称为的“可行性的知识”。对我们而言，这意味着不管从世界咖啡产生什么，我们都希望它是可以付诸实行的。例如在 2003 年中期，我们意识到自己预算不足。我们无法支付全部员工薪资，以至于我们需要进行一些财政削减。因此，我们找来 30 名左右的员工，举办一场世界咖啡来共商对策。

那次举办世界咖啡的目的，是想产出几个新的开源项目，目标是 17.5 万美元。在会前我没有任何头绪，而在世界咖啡里得到了价值相当于 18.8 万美元的开源计划。其中最疯狂的想法之一是举办“游戏王”锦标赛。几乎没有人听过“游戏王”，除了一对已经当父母的员工，知道这种游戏有多流行——源于他们的孩子在看《游戏王》电视节目。他们鼓励团队其他成员去认同这个“游戏王”想法，因此我们当场同意了这个想法和其他一些想法。你知道发生了什么吗？在我们真正运作这些想法后，2003 年财务结算竟然盈余 26.7 万美元！

在那样的情景下，谁是领导者？世界咖啡的领导者并非有正式管理头衔的人，而是那些有精妙想法、可以创造最大利润，又可以和我们使命与价值观保持一致的人。那天还真的出现了几位“真英雄”！世界咖啡汇谈可以使人们做出贡献，有些人还是不常为大家所见的“隐形者”——他们本来在夜间和周末工作，或者仅仅是导览人员。这些“隐形者”中突然有人提出大家拥护的精妙想法，这种感觉实在是棒，也帮助促进了 MOSI 这个包含董事会和员工在内的协作性社群彼此之间的感情。

所以这成了我们达成共识的习惯——当问题产生时，我们就以一种汇谈的方式来解决。同时我们也注意到，随着大家在世界咖啡上实践经验的积累，在当中产生的成果也越来越精彩。我们发觉，通过自我的学习可以成长为世界咖啡更好的想法贡献者。随着不断践行，我们产出更多可行性知识和集体智慧。例如，世界咖啡正在帮我们生成一些创意方案，预期为这个财务年度带来 75 万美元的纯收入。这对于一家处于不稳定经济时代的公共机构来说是闻所未闻的。

世界咖啡也让我们探索游戏与学习之间的关系，这正是 MOSI 的核心使命。这种创意和游戏中产生想法的方式，也开始渗入其他环境，就算我们没有举行世界咖啡，大家仍以世界咖啡模式来思考、汇谈、行动。举个例子，世界咖啡被我们进行了特别的创新性运用，我们举办了好几场参观者或潜在参观者（包括老年人、少数族群社区成员和儿童）所参加的世界咖啡，请他们共同设计展览体验。世界咖啡的运用为我们建立起真正的社群，曾参与设计过程的人们有了更强烈的主人翁意识——因为这些展览真的是属于他们的。因此，MOSI 不再只是一个以科学为中心的社群价值取向的独裁者，更大程度上成为社群成员们的伙伴，可以和社区成员一起挖掘集体智慧，找到对科学的兴趣，而在此之前人们都没有意识到他们对科学的兴趣，只把科学当作知识。

现在我们开始延伸到当地以外的相关协会。例如，惠特和巨型荧幕协会的成员们，合作举办了一场 400 多人规模的大型世界咖啡会议，还有一个是和科学技术协会中心的国际董事会合作的世界咖啡。这两次会议都帮我们明确问题和确定关键问题的轻重缓急，并确定我们可以如何行动从而化解这些问题。世界咖啡汇谈简直就是一种良性病毒，已经传播到离我们开始的地方很远很远的地方了！

案例故事 2

一路双赢——赛诺菲·圣德拉堡公司

伊万·贝斯坦 口述

伊万·贝斯坦曾任赛诺菲·圣德拉堡公司加拿大分公司的总裁兼总经理。赛诺菲·圣德拉堡是一家总部位于巴黎的全球制药公司，主力研发可治疗多种疾病的新药物，其分公司覆盖全球 100 多个国家和地区。这个案例呈现了世界咖啡汇谈是如何帮助加拿大分公司创造可持续发展的商业价值的。

之前我正在找一个方式，可以让全体员工来共同思考公司业务的未来。我实践过多种方式和路径，但都无法激发员工进入最佳的思考状态。我在寻觅一种方式可以连接情感、理性与利润。对我而言，世界咖啡似乎可以连接这三个要素，于是我决定尝试一下。

当时我们正在筹备一场庆功会，庆祝我们首次突破 1 亿美元的销售业绩，这真是个很赞的成就！我请戴维·伊萨克到多伦多主持世界咖啡，汇聚 16 人设计小组共同筹备 1 月的战略活动。我们希望到时营造出一种庆功的氛围，又能和加拿大公司所有员工，针对公司未来的业务发展展开战略主题的汇谈。在设计小组结束世界咖啡之际，戴维询问大家："你们觉得如何？"他们回答说："太赞了！世界咖啡针对 10～20 人的小型团队汇谈非常有效，但如果 250 人也许就不行了。”而戴维则保证人越多效果越好，这让我们在有部分人持怀疑态度的情况下还是决定要尝试一下。

事实胜于雄辩。1月的战略咖啡暨庆功会取得了巨大成功，产出了推动企业发展的关键想法。世界咖啡帮助人们卸下身上层层的专业头衔，让他们得以全身心投入汇谈。我通过每一桌人们的眼神和肢体语言感受到这一切。而后，很多人受那次世界咖啡发生的一切所鼓舞，开始走出去自己组织世界咖啡，解决各种商业问题。据我们估算，在首次成功后的几个月内，又举办了17场世界咖啡。初期我们会有些笨拙，我们在实践中成长——设计问题、更严谨地使用反思技巧、打开真正的汇谈空间，这些都是真正的挑战。我们当中的一些人确实感觉到自己趋向更成熟，于是我就用我当总裁的“执行特权”鼓励他们继续在世界咖啡的实践道路上前行。

接下来，我决定进一步推进世界咖啡，便提问：“如果我们利用世界咖啡汇谈来制订长期计划，大家觉得怎么样？”戴维很有正能量地鼓励我们去探索这种可能性。我们邀请20~30个人，包括全体高层领导团队以及未曾通过这个方式献计献策的年轻领导人，举办了主题有关长期规划的一系列世界咖啡。不积跬步，无以至千里，我们成功了！我们的世界咖啡运作产出许多有关战略计划行动想法，这些想法有创意又可落地，而且得到很多人的支持。

接下来，我又说：“我们可以用世界咖啡制订三年计划，何不也用来研讨明年的预算呢？”

此言一出，有些人认为我太把世界咖啡当神话了！但包括财务总监在内的其他人说："很好！让我们去试试！"于是我们根据那次世界咖啡产出的优先行动项目，确定了下一年的财政预算，然后以此为基础，确定了投资回报率和工作回报率。我们喜出望外地发现，世界咖啡结构会驱动你创造一片净土——一种归零的心态——你不会被其他先入为主的东西所阻碍。然后，你可以选出几个最有前景的想法，并把它们和务实的财务的要求关联起来。"

对我而言，最关键的是世界咖啡汇谈直接聚焦企业的需求和成果。企业和我们所在的这个世界息息相关——在这个世界里，不仅仅有组织，还有家庭和社群。我认为世界咖啡可以如胶水一般将这些方面黏合在一起。于是，我们开始把世界咖啡运用在几个重要的利益相关领域。例如，我们的市场营销副总裁曾主持了和业务伙伴一起参加的世界咖啡。我们还在一个有关长期规划的世界咖啡中，进一步扩大了边界，邀请了企业外面的其他利益相关方一起参加，其中有内科医生、药剂师、中风康复协会代表乃至患者。

这些世界咖啡让我们意识到，我们不只为自己工作。在一次有关战略的世界咖啡全体汇谈结束之际，特别的一幕发生了，一位来自中风康复协会的成员说："你们有如此棒的产品可以预防中风，为什么不让你们的使命变得更高远——在加拿大做到零中风？"这番话让整个现场沸腾起来，势如火山喷发。忽然之间就感觉到有一个声音在呼喊："是的！就是它！"今时今日，我们看到患者、医生和医院，就会直接联想到我们对于社会的贡献。所以世界咖啡带给我们的结果是，我们开始以一种更聚焦的姿态投身于企业的社会责任之中。

在过去的几年中，我们飞速发展，持续以两位数字的巨幅增长，不断超越公司的预期。我不敢说这全是世界咖啡赐予，或者说是因为我们的很多举措中都源于世界咖啡的成果。但我敢说世界咖啡是最必不可少、最独一无二的方法，因为它是我们所发现的唯一可以把理智、情感和业务的框架连接起来的方式。这才是企业的关键战略性优势所在。

对生意人而言，数字是衡量成功的方法。没有数字，我们的汇谈就结束了。但如若不汇谈，又何来数字？这真是一个矛盾。数字是力争上游的行动之果，而力争上游的行动是组织命脉所在。你需要观察组织多有活力？员工之间如何互动和汇谈——他们的关系如何？这些正是组织价值创造力的关键组成因素。但对于人们而言这些很难衡量，所以用以衡量的唯一工具只有数字了。

其实除此之外，还有一些其他指标可以参考。当我看见员工们积极投身于企业决策，敢于冒险，把问题摊在桌面，敢说敢做时，便知道我们已迈向成功。比方说，你把第一次世界咖啡同第十次比较，你会看到大家在自信方面的变化巨大，哪里有问题，哪里就有我们的解决之道。

当然，也在所难免地出现一些挑战。我相信从世界咖啡汇谈里所产生的集体思维与知识有极高的价值。与此同时，我们也必须找到更好的方式，让世界咖啡汇谈的智慧成果被落地和执行。我们必须确定什么时候进入执行期，这样我们这些领导者才不会回到原有的管控行事模式。

对我来说，世界咖啡是对员工以及员工贡献能力的一种尊重。世界咖啡汇谈就像从匝道进入高速公路——通过在汇谈中贡献而汇入车流，突然间你就发现自己已行驶在企业自然发展的高速公路之上。

更深刻来说，世界咖啡汇谈就是一种生命的承载体系。我乐于看到人们苏醒——同时看到自我苏醒——因为关注我们的企业而苏醒。世界咖啡服务于个人、服务于社群、服务于利益相关者，帮助我们一路双赢。

视角与观察

当汤姆·约翰逊第一次踏入我们家时，我必须承认我对他有成见。我以为他的眼里只有数字。毕竟他是有名的研究会计学的教授，曾写过一本非常经典的管理会计的著作《关联损失》(*Relevance Lost*)，这本书对全世界的会计衡量系统影响巨大 (1991)。然而当他在智慧资本汇谈 (也就是催生世界咖啡的那场汇谈) 中开始说话时，真是让我目瞪口呆。他说他一直在寻找一种新的方法，去思考绩效、衡量、价值创造以及结果。汤姆很担忧领导者会把他在作业成本法的著作当作追逐短期财务目标的工具，而不是关注培育可持续的商业价值和社会价值。

汤姆用以下一系列问题挑战大家：我们所重视的那些成果，是源于财务和绩效目标的驱动，还是源于人和人之间的关系，以及他们共同工作和思考的模式呢？如果组织是有生命力的系统，那么它会利用什么样的核心流程来效仿大自然模式呢？作为领导者，会在生命系统中如何放置意图和关注点？这些有力量的问题引起了首次世界咖啡参与者的共鸣，不断回荡在我们的脑海，并让我们把“汇谈”作为核心流程来展开研究。

关于方法和结果

汤姆后来和他的瑞典同事安德鲁·布罗姆斯写了另一本著作《无法衡量的利润》，其中谈到以上有关问题（2000年出版）。

基于广泛的研究，这本书鼓励领导者将他们的关注点从成果式管理（Management Exclusively by Results，MBR）向方法式管理（Management Exclusively by Means，MBM）转变——各种塑造了组织能力的关系和流程，这些能力包括学习的能力、适应变化的环境的能力以及创造达成长期绩效所需的知识的能力。汤姆和安德斯指出，由于我们常把“结果”（财务指标与绩效目标）和“方法”（用来达成这些目标的过程和实践）分开来看，而“结果”看起来较具体和“实际”，因此相较“方法”更受到重视。但汤姆和安德斯却告诉大家：方法和结果如何同时形成。他们力争：“经理人的任务是，停止将成果当成一种你只要瞄准靶心就可以击中的目标。当你掌握了与整个系统内在的模式和谐匹配的措施和方法时，成果会自发呈现。换句话说，需要管理方法而非成果，方法才是终极之道。”

汤姆·约翰逊的著作强烈影响我们对于汇谈的看法，汇谈扮演着核心流程的角色，它是一种建立关系、分享知识和创造价值的根本“方法”。当我们和汤姆还有他妻子——著名的教育家伊莲·约翰逊（Elaine Johnson）——共同探索这个想法时，我们开始发现世界咖啡是如何将这整个自然过程变得更具体、更真实，更具有可行性。用伊莲的话说：“我们的意思是，汇谈是最必要、基本和不可或缺的方法。只不过这些汇谈如何被看待和架构，将会决定不同的结果。”汤姆补充：“如果汇谈被视为一种创造组织绩效的核心方法，那么领导者在工作中使用汇谈的方式决定了组织绩效如何。如果有人说，汇谈意味着闭嘴，不发出声音，直到别人找你时再说；或者不准讲话，除非老板批准你，那会导致某些结果。如果汇谈能够秉承世界咖啡的原则来开展，又会导致一些不同的结果。”

我们可以用一幅简单的图，用视觉的方式呈现这种创造价值的核心流程。

正如树状结构所示，真正重要的问题会激发学习性汇谈，而这些汇谈强化了人际网络和实践社群，进而组织创造了劳动之果。关键的挑战是，整个核心流程通常是无形的、不聚焦的，而且领导者很少会有意地使用它来创造持续的商业价值和社会价值。

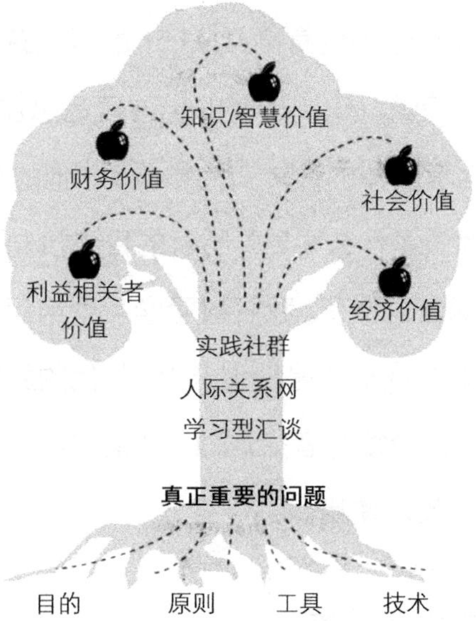

先说话，再办事

对多数领导者而言，关注群体汇谈，把它作为组织达成目标的关键方法，需要在思维上来个大转弯——不再视汇谈为一种表面活动，而是视汇谈为组织最有价值的资产之一。体验过世界咖啡汇谈之后，你会更容易将组织和社群看成一种自动自发的“咖啡馆”，于是你会更有意识地处理这些隐藏在组织绩效背后的隐形的汇谈和社交网络。

我们在这里暂停一下，就像麻省理工学院的彼得·圣吉和我以及其他高级管理者参加世界咖啡聚会一样，我们先暂停下来，思考以下这个问题的现实意义：如果组织里的关键知识，真的需要通过汇谈网络和个人关系得以创造，那么这一点对战略演化、培训与发展、技术基础设施、工作场所和空间的实体设计，以及你作为组织成员或领导者的行为选择方面，有什么影响？

我永远不会忘记那位身高 1.95 米的得克萨斯州人的爆发型大嗓门，他是某大型跨国汽车制造商的全球营运总监，管理着 5 万多名员工。当他细细思考这种思维转变的影响时，他的声音如平地惊雷："该死的！你知道我做了什么吗？" 所有的目光投向他，我屏住呼吸。"我刚重组整个全球营运体系。我解散了学习型组织和耗费多年建立起来的汇谈网络，如要恢复将是漫漫长路！" 他的肺腑之言激荡起大家热烈的汇谈，大家讨论领导者如何做，才能在组织里将汇谈网络当作一个核心流程更有效地使用。

汇谈和行动的关系

用全新的视角看待汇谈，最重要的转变之一是，我们必须重新审视将汇谈和行动割裂开来的传统观念。我们在丹麦和世界咖啡汇谈的组织者展开振奋人心的汇谈来探索这个问题。

其中一个参与者建议我们应考虑改变这种关于汇谈和行动的传统观点，把汇谈和行动看成结合在一起的两面，而非彼此割裂。如果汇谈还如火如荼的时候，你就进入行动阶段了，那么会怎样？如果它完全不是按照我们西方人的线性思考过程，也就是说，汇谈和探索之后，没有行动计划和执行，又会怎样呢？

如他所建议，也许这整个过程都是一个行动循环圈的一部分——反思/洞察/收获/行动计划/执行/反馈——而汇谈是每个步骤的核心过程。我们发现到，当人们很在乎自己所研究的问题时，而且当他们的汇谈真的充满活力时，参与者会自然而然地组织起来，去做该做的事，发现谁关注什么，谁需要对下一步负责。也许我 84 岁的老母亲分享的源自她一辈子组织工作的关键洞察，可以非常好地说明这一点。她若有所思地说："你知道吗？汇谈就是行动。不管你在思考什么，你感受到什么，如果你不表达出来，就不可能'成真'。说出来，接下来才能萌芽，其他人才会听见，开始感受到它，你的想法得到共享——如果这个想法足够重要，相关的动作就会自然发生。"

汇谈与行动的关系

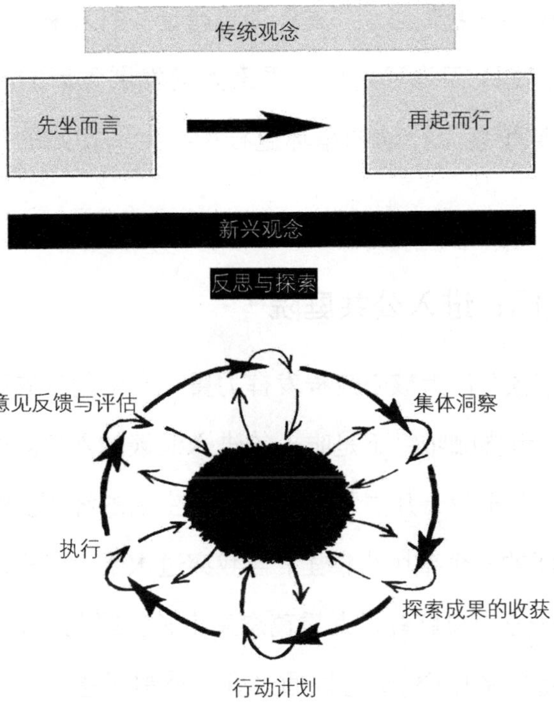

设计世界咖啡主要就是为了产生集体知识的分享，打造个人关系

世界咖啡汇谈可以为较传统的行动计划搭建平台。

网络，促进新行动的可能性。世界咖啡汇谈可以为较传统的行动计划搭建平台，而传统的行动计划这个过程常出现在汇谈后半段。加拿大赛诺菲圣德拉堡公司的伊万·巴斯汀曾提出一个重要的问题给领导者，这些领导者重新认识汇谈和行动二分法并将汇谈视为核心流程。他的问题是："我们该如何为持续进行的行动计划和落地执行的活动，创造一种汇谈过程，这种汇谈过程能迸发出能量与活力，就像在世界咖啡产生战略性思考和集体洞察一样。"

对于那些相信我们必须"先汇谈再行动"的人来说，这真是一个值得探讨的问题，因为我们也在思索如何发展创新的汇谈过程，充满活力地贯穿于整个行动的循环过程中——从初始的探索，到落地执行。

汇谈之门：进入公共庭院

要将"汇谈"作为核心流程发挥力量，产生创新的可能性，创造全新的未来，世界咖啡绝不是唯一的进入汇谈的入口。我对这一丰富领域的印象，源于我十几岁和养祖母一起生活的经历。那时我们住在墨西哥加巴斯的一个殖民小镇里，当我穿过木雕大门进入家里时，一眼就能看到一座中央庭院，九重葛恣意生长，鲜花处处，树木葱茏，一池喷泉在庭院的中心。你可以通过庭院外围任意一个拱形入口进入中央庭院，进入这个坐落在房子中央、鲜花簇拥的空间。

对我而言，进入真正汇谈空间，就好像进入我们人类这个大房子的中央庭院一样。世界咖啡只是其中一个珍贵的入口，让我们有机会进入群体合作的中央庭院。战略汇谈、原生态委员会、沙龙、智慧圈、公民协商委员、妇女社交圈、学习圈、波西米亚式汇谈组、欣赏式探询、开放空间、未来探索、公共协商模式，以及其他源自不同文化和历史阶段的汇谈方式，都曾为这个生命系统积累宝贵经验，做出贡献和提供借鉴。我非常鼓励你多多探索不同的汇谈办法，找到几处最能连接个人生活经验、需求及独特贡献价值的汇谈之门，再借由自己的创造力和想象力，成为自己生活和工作汇谈的主持人。

接下来，我们聚焦于世界咖啡背后的理论和实践。下面介绍世界咖啡的七项设计原则，后几章也会深入探索。这些原则易于操作，不管你是否决定主持正式的世界咖啡，你都可以从这套办法中学习和体验到汇谈的力量。

把汇谈塑造成核心流程

以下七项整合过的世界咖啡设计原则，经历多年经验沉淀，可以帮助驾驭汇谈，提升商业与社会价值。让我们快速浏览一下这些原则。

设定情境：澄清目标，确定好汇谈界限。

营造宜人好客的环境空间：确保舒适的环境，创造个人舒适和彼此尊重的心理安全氛围。

探索真正重要的问题：当人们集中关注于真正重要的问题时，大家的参与热情能够被引发，并能确保会议卓有成效。

鼓励每个人参与贡献：邀请大家全面参与和彼此贡献，让“我”和“我们”之间的关系更有活力。

交流并连接不同的观点：通过在共同聚焦核心问题时，有意增加不同观点的多样性与连接密度，发挥生命系统乍然出现的动力。

共同聆听其中的模式、见解及更深层的问题：在不抹杀个人贡献的情况下，集中共同注意力，孕育思想的一致性。

收获和分享集体智慧：让集体智慧和洞察得以呈现并具有可执行性。

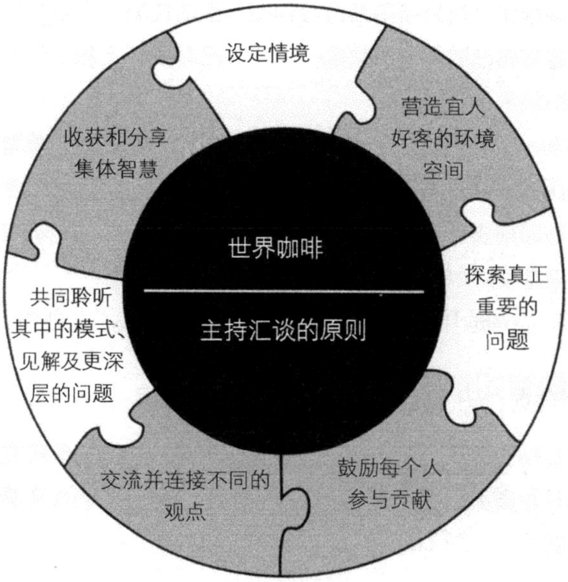

如果你想靠一些有创造力的方法，去带动真正的汇谈，目的是共同思考和创造可行动的知识，那么这些简单的原则可以在整合运用的情况下，成为你有用的指南。

问题的反思

1. 在你的组织或社群发生的汇谈，成员们在多大程度上去思考以及协作，会主动把汇谈视为有助于创造商业和社会价值的核心流程吗?

2. 如果你已经开始相信汇谈的确是组织里共同创造价值的基本方法，具体是什么会影响你已有的工作?

3. 你有哪些实际办法，可用来改善家族、组织或社群里的成员对汇谈的看法，让他们相信可以靠汇谈的力量，作为关键方法去创造有价值的成果? 也许是可见的成果，如新的点子，也许是无形的成果，如信任、尊重和归属感。

第 3 章

原则一　设定情境

所有思考和学习，都是在特定情境下发生的。思维会试图找出情境从而创造意义。

——艾德·克拉克，《设计与执行整合式课程》

The World Café

如果情境就像集体意义所流经的河岸，那会怎样?

案例故事

从正式会议到汇谈：墨西哥国家社会事业基金会

卡洛斯·莫特·马盖 口述

> 卡洛斯·莫特·马盖是我多年的老同事，他曾把世界咖啡引入墨西哥境内的企业、大学、非营利机构和政府单位，讨论过各种主题，例如情境设计、愿景展望、青少年发展，以及不同利益相关者的参与方法。为世界咖啡的目的和流程设定合适的情境，可使参与者们在共同的框架下连接在一起。这个故事讲述的是卡洛斯如何同步协调，为一个重要的政府经济发展论坛营造情境。

我很开心能与你们分享我的经验，因为它起初面临较大挑战，最后的结果却令人振奋。国家社会事业基金会（FONAES）的规划署署长罗拉·瑟图恰联系我来负责这次论坛。这个基金会隶属于墨西哥经济部，在墨西哥境内推动"社会经济"方面发挥了关键作用，换句话说，这种经济模式会考虑社会和社群需求，也会考虑单纯的经济因素，目的是改善人民的生活，尤其是弱势群体的生活。这些因素包括微型企业、合作社和其他地方的发展举措等。

当时罗拉正在策划一场官方的正式会议，主题是正在新兴的"社会经济"。会议的初始目的是让全世界的一流专家聚到一起，请他们和重要的政府官员分享他们关于"社会经济"的研究成果与经验，这些官员大部分来自经济部和社会发展部。我曾在墨西哥参加过很多会议，大部分会议都是很正式和高度结构化的官方活动，有主讲者或专家小组。有时候也会有提问和回答，但通常都是单向的信息分享，几乎没有让主讲者与观众或现场参与者有真正的交流。

我和罗拉探讨，我们如何在墨西哥历史上关键的时刻，深刻理解“社会经济”的潜在机遇。我们灵感一闪，我们为什么不将这次活动从演讲为主转换为探讨为主？为何不把正式会议转变成一种更有互动性的论坛，让我们每个人都参与到真正的学习型汇谈中？是的，国际专家会带来新的观点，但我们也可以利用这300名参与者的智慧与经验，去探索墨西哥独特的现实与境况。到时候大家可以一起设想需要哪些创新做法，来创造一个能兼顾社会与经济利益的新经济模式。

我发自内心想要帮忙创造一场充满活力的盛会——这种内在的活力，不只是存在于少数人向多数其他人传达想法或知识的过程中。当然，得先征求国家社会事业基金会主要领导的认同，才能这样做。让我们喜出望外的是，他们欣然同意！然而，我想大家还是很担心的，因为这是一种前所未有的做法。我们必须想办法先让这些主要领导一起体验一下这种世界咖啡的新方法。所以我建议罗拉可以先举行一次迷你世界咖啡汇谈，请12名国家社会事业基金会的高层领导参加。在这场共有三轮的迷你世界咖啡汇谈中，我们聚焦于探索“这场互动式论坛可以为国家社会事业基金会的整个未来，创造什么样的发展前途”。许多有趣的想法在那次迷你世界咖啡汇谈中涌现。我们记录关键的观点并发给参会的12个高层领导，这激发了他们对于这种互动式论坛的浓厚兴趣。因此，我们与这些高层领导们建立了良好的合作关系。可是，还有大量细节性工作等着我们去做。

我们发现要改变传统做法是一个挑战，必须事前有周全的计划，并且付出大量时间。我们的核心策划团队四个月来每周碰面两次。我们丝毫不介意辛苦工作，毕竟能在官方活动中尝试这种全新的方法，让我们觉得有趣又刺激。

要做的第一件事是列出邀请名单。既然已经改变想法，不再是起初那种单向传递的专家信息分享模式，那么选择参与者的标准也会跟着改变。

为了让整个汇谈丰富、有质量和充满创造性思维，我们不能只顾着邀请政府的利益相关者，也必须找商业人士、农民、非营利组织代表、研究人员和教育工作者——简直就是整个社会的缩影！这点非常重要，因为我们意识到任何单一利益相关团体都不可能独自为复杂社会问题带来创新的解决方案。

我们还设计了一个特别的邀请函，来彰显这是一次与众不同的特别聚会，每个人都可以为墨西哥"社会经济"贡献出他们独特的观点。

我们会为可能前来的每位参与者送上一份个性化和充满温情的邀请函，我们在邀请函中分享这次论坛的目的："创造一个有利反思，有利交换国家与国际间经验，有利知识不断产生的空间，为墨西哥和全球各地的'社会经济'贡献力量。"

我们还设计了一种特别符号，来象征这场聚会使用的是全然不同的流程。这个符号设计意图在于表明：知识源头有很多，但唯

有在汇谈中才能激发出各种创新和智慧的火花。

我们惊诧于人们的反应速度之快。在墨西哥，这种会议通常会发出很正式的邀请函。但我们这种个性化和充满温情的方式，即便以电子邮件发出，也引起许多人的关注，包括来自世界银行、西班牙蒙德拉贡合作社、法国沛丰公司等团队的关键代表。我们做的另一个关键事情是，我们提前为这场聚会设定情境，这些专家一进门就会了解他们不仅仅是来演讲，也会在整个会议过程中作为学习和贡献者参与。我想这种精妙的方式会让许多人都感到惊喜。

接下来，我们必须协商这场聚会的一些因素。我建议用世界咖啡的方式去运作本次论坛。但国家社会事业基金会的领导担心这太有悖常理。协商的共识是让关键的演讲者在上午按常规的模式进行，然后安排几位演讲者和主持人组成一个小型汇谈圈，让他们在观众面前彼此学习交流。这个由专家组成的汇谈圈，是下午所有人参与世界咖啡汇谈前的一个热身。午餐过后，我们会转移到附近其他房间，开始世界咖啡，参与者一起根据上午的发现，进一步探讨关键的问题。

我们在世界咖啡里提出的问题至关重要，因为它可以让参与者了解我们在一起探讨的情境。实际上，我们也曾为核心策划团队办过一个简单的工作坊，用以架构出有力量的问题。这对国家社会事业基金会内部来说很重要，因为你在重新设定情境，将它从传统的专家演讲形态转变为另一种聚焦于问题，让参与者为此贡献知识和经验的形态。例如，其中一个问题是："暂时不谈理论定义，对于你个人而言，社会经济的真正意义是什么？”我们提前把世界咖啡中探讨的问题交给演讲者和主持人，帮助他们明确框架。在这样的框架下，他们就在上午的主题演讲和下午世界咖啡之前演讲者和主持人的汇谈圈中来分享他们的思考和反馈。

在为这种汇谈的聚会布置环境时，我们还是遇到了一些现实的挑战。首先，我们必须更换饭店，因为我们需要弹性更大的空间——这个空间既适合世界咖啡，也适合我们举办各种社会经济项目的学习成果展，用于促进思考和激发非正式汇谈。其次，墨西哥饭店只提供10 人座的宴会桌，所以我们还需要租借特殊的小桌子。还有其他细节，如准备彩色马克笔、小花瓶和花朵……这些听起来都微不足道，但你必须理解，我们是在和墨西哥政府打交道。国家社会事业基金会的财务部门从没听过一个会议需要用小桌子、插花的小花瓶，用特定白纸做桌布，以及用杯子装几百人要使用的彩色马克笔！经过不懈地协商，他们都还算开通，最后大部分东西都被批准了。

那一天终于来临！我认为世界咖啡的开场白，也和事前的设定情境工作一样重要。我们认为有必要帮助参与者知道什么是合宜的“咖啡式方法”让大家参与和共同学习，否则，他们会很难改掉传统做事习惯。我提醒人们接受邀请是被邀请来参与汇谈，不仅仅是听别人的演讲。我也还告诉他们，在世界咖啡汇谈里人人平等，无高低贵贱之分，任何人的想法都是有用的贡献。我还说，每个人都有宝贵的经验可以分享——即便坐在有名的政府官员和重要企业经理人旁边的乡下农民。在我解释完我们的共事方式之后，我请每个人移步到新桌子，确认每张桌子的参与者都能“调配”出最佳的经验和观点组合。国家社会事业基金会的代表则担当各桌的初始主持人，欢迎各桌的人们，让参与者感受到愉悦舒适。

我想在开始时大家都有点紧张。第一轮的世界咖啡汇谈开始时有点缓慢，参与者也比较拘谨……然而几分钟过后，没多久，大家敞开心扉沉浸其中，热烈交换想法。时间走到第二轮时，你已经可以感觉到大家都对接下来会发生什么充满好奇心。他们乐于移动双脚，遇见新朋友。

第三轮的汇谈结束后，我们展开一次全体汇谈，邀请参与者不仅分享他们的发现，也分享他们的感受——这场汇谈对他们个人的意义是什么？我们听到很多肺腑之言，特别是那些农民朋友因自己竟然能和高层官员轻松汇谈而感到惊喜万分。至于来自政府机关和商业领域的高官们说，他们从平时很少有机会交流的人们身上学到不少东西。改变情境，使得人人平等，没有权威和阶层之分，这一招真的有效！

第二天的世界咖啡结束时，我们好像就在开垦一座大花园，参与者和专家们提供的想法就好像放进土壤的养分和播下的种子。到了第三天下午，整个团队看起来有了一些变化。人们变得比以前更具反省力，现场有一种不同寻常的感觉交织着活力、气势与深度。举例说，每当小组里有人发言，整个房间便如进入聆听的安静中。大家的情绪模式已经从“哇！这很有趣、很令人兴奋！”变成更深层的思考，思考每一句话背后的真正意义，思考未来的种种可能性。对我来说，这便是魔法时刻。

冒险将这次大聚会的情境摆脱传统习惯，结果怎样？它创造出一种和正式会议截然不同的氛围。当我看到有这么多人愿意接受这样的机会来提出想法和见解，利用它们来改善自己的工作成果，并为墨西哥的共同利益携手合作时，我的内心是如此感动。我可以想象得到，每个人都对新兴的社会经济有重要的发现，再将这个发现带入他们的人际网络和机构中，这300人凝聚的影响力将非常强大。

说到实际成果，国家社会事业基金会的负责人曾告诉参与者，这次世界咖啡汇谈的成果，将在接下来一年用于创建议程以及该组织努力的目标方向。除此之外，第二次国际互动性论坛也提上日程，用以继续研究第一次聚会得出的结论与观点。参会专家之一，西班牙经济社会同盟的主席桑斯・马克德・卡斯特洛说，这是一次与众不同而又非常实用的学习经历，他乐于把世界咖啡介绍给他的西班牙同事，让他们在处理其他重要发展课题时也使用这种多部门思考和汇谈的方法。

这场世界咖啡带给我的重要启发是什么？我会说：当你改变情境，提供最简单的互动方式，让不同利益相关者打破传统界限，在一起平等汇谈时，接下来发生的一切太神奇了。一开始看起来是个大挑战，但这值得去冒险！看到来自不同社会和经济背景的人士共同为墨西哥的社会经济出谋划策，我们即便辛苦也心甘情愿。

视角与观察

埃里克·弗格是开发线上学习社群的先驱者之一，他让我和戴维看到情境的重要性，情境提供了有助于个人与群体创建意义的架构。几年前，埃里克从他马萨诸塞州剑桥的家中打电话给我，说他刚看完我和戴维合写的一篇文章，里面谈到如何将组织建成学习型社群。他兴奋至极地说："我们必须会面，我们的价值观和想法如此互补！"而后来我们才意识到，其实我们早已谋面和互动——30 多年前当还是十几岁小孩时，我们都曾在墨西哥恰帕斯我养祖母家的庭院里跳过舞。埃里克的父亲是哈佛人类学项目的首脑人物。世界真是太小了！

埃里克不久前写了一篇文章"从情境中学习"和组织学习有关。文章中有一个简单但重要的观念，让我和戴维可以视觉化并借此说明情境的角色，即去支撑、围绕并传递一场伟大汇谈的内容与流程。

情境的角色

情境即现状、参考架构和周围因素，融汇在一起，就能帮助我们给自己的经历赋予意义。我们很多人并不习惯有意识地思考情境，即便情境的存在对我们创造理解的模式非常重要。当大的情境和我们正在探索的内容，或正在使用的流程没有清晰的关联时，我们就会感到迷惑和不安。

设定情境，意味着有意识地创造出有弹性的界限，在这个范围里让整个团体展开协作式学习。我常喜欢把情境想象成河岸，它有助于引导意义的流动但绝非控制它们。在策划一场重要的汇谈时，世界咖啡主持人和策划团队就是在扮演情境建筑师的角色，他们帮忙聚焦而绝非控制内容，为汇谈的流程提供支持——无论是在会前，还是在会中。

上一页那个套碗的插图，可以帮助我们理解情境构建的要素，这些要素都帮助我们打造有效的世界咖啡。我们发现，设定咖啡汇谈的情境一定要注意三个要素：目的、参与者及外在因素。乍一看，这三个因素貌似很简单，但其实却互为基础、互相关联，共创出一套围绕并使汇谈活跃的一整套系统。它们是让汇谈“连贯但不受控制”的基本元素。

世界咖啡主持人要投入多少时间和精力在这些情境因素上，通常与聚会的规模和复杂程度成正比。卡洛斯的墨西哥互动性论坛是大型活动，需要大量前期策划并在活动过程中设定情境。针对较小型的咖啡聚会，可能只需要一次策划会议来这确定这三种因素。不管如何，主持人发现在策划世界咖啡时，考虑到这三个要素是重要的，即便只是简单考虑也有帮助。与这些要素有关的层面可以在活动现场，当成情境结构的一部分来介绍。

一旦你主持过几次世界咖啡或类似的协作式汇谈之后，设定情境有关的几个方面就会变成你的直觉，因为你会自然想起以前聚会学习的经验。此外，后面两章“营造宜人好客的环境空间”（第 4 章）和“探索真正重要的问题”（第 5 章），将介绍两种具有互补性的世界咖啡原则，它们建立在基础的情境架构上，又加强了情境的有效性。

由于情境是一种无形的概念，因此我采用卡洛斯的墨西哥互动性论坛为例，来探索情境架构。合适的时候，我也会用小的图表来对最初的正式会议和卡洛斯及其同事使用的互动性论坛进行比较。卡洛斯和另一位世界咖啡同事阿里安·沃德已经帮忙开发出简单而又实用的方法，用以塑造世界咖啡汇谈的情境，从而增加大家获取鲜活知识和突破思维的可能性。对于他们的洞察、投入还有贡献，戴维和我感恩于心。

厘清目的

厘清目的包括以下几个因素。

理解现状

当你要主持一场学习型汇谈时，厘清宏观环境的几个方面，就是你界定世界咖啡整体目的的第一步。这些方面也许包括社会、经济、政治、组织、社群甚至人际因素。问问自己：是什么样的实际现状或需求让这场汇谈变得有意义？它为什么这么重要？对卡洛斯和论坛策划小组而言，墨西哥社会经济的复杂现实，以及为该国的社会经济寻找创新思维的广泛范围的需求，是本次活动的设计依据。当他们在评估墨西哥的现状和需求时，他们发现不仅传统专家的知识与经验值得关注，各部门利益相关者提供的丰富视角也是有价值的。这个从正式汇报形式为主的正式会议向以汇谈为主的互动性论坛的转变，说明他们了解了让这个活动变得重要的当前现状和更重大的需求。

探索你自己的设计前提

除了表达你对现状性质的看法，探索人们如何共同创造知识也很重要。这会对明确活动目的，决定世界咖啡是否适用，以及为参与者设计合适的邀请函都产生影响。以墨西哥论坛为例，虽然大家都同意墨西哥正经历复杂的社会经济挑战，需要有思虑周全的应对措施，但这个策划团队仍勇于挑战“依靠专家形成对策”的传统观念。会议策划者把知识的创造视为社会与社群共同努力的过程——不仅是专家们的独有责任——而汇谈正是其中的核心流程。因此，整个活动设计就以此前提为核心。

世界咖啡的兴起，也根植于越来越多的针对学习的社会本质展开的研究。身为策划团队伙伴，卡洛斯帮助这个团队抓住眼前机遇，反思他们早期的观念，以便确定是否合宜用世界咖啡的办法来取得整个会议参与者的集体智慧。第 10 章会提供更多信息，告诉你何时选择世界咖啡。

设计前提	
正式会议	**互动性论坛**
• 墨西哥正面临复杂的社会经济挑战	• 墨西哥正面临复杂的社会经济挑战
• 墨西哥以及国际专家为政府官员做正式的形势分析报告，可获得对有效计划和决策制定最相关的数据	• 不同声音对形势进行了更丰富的分析，为复杂问题的计划和决策带来全新观点
• 不做报告的参与者们，也能因此更了解与这个领域相关的最先进信息	• 人们想贡献自己的知识，共同学习，让改变发生
	• 每个参与者都有专长，能做出独特贡献

说清楚“为什么”

一个清楚的目的是仿佛让人们看到了北极星——指引世界咖啡设计的深层意义。

一个清楚的目的是仿佛让人们看到了北极星——指引世界咖啡设计的深层意义。它是衡量你成功的标准。考虑世界咖啡的目的的一个方法就是问：“我们为什么让大家聚在一起？这次汇谈可以满足什么需求？”有时候为你的世界咖啡创造一个名称，可以帮忙彰显会议目的——如“领导力咖啡”、“战略咖啡”、“产品开发咖啡”或单纯的“发现咖啡”。在卡洛斯的故事里，会议的目的本来是找专家提供和社会经济有关的观点，后来演变成创造一个合作空间，用于交流国家与国际之间的经验，发现如何聚集墨西哥国内外的大规模的社会经济力量。

厘清可能的成果

世界咖啡的设计目的是有意识地避免预设结果。然而，阐明最令人振奋的各种可能性，以及考虑哪些可能出现的成果或成功标准会对你的目标达成关键影响，都是世界咖啡汇谈的筹备工作的重要方面。例如，具体的成果可能包括发现新战略方向、思考创新项目或政策选择、阐明一个特殊产品的新商机。

世界咖啡汇谈通常是不刻意聚焦的，至少在起初不刻意去寻找一个最直接的答案或解决办法。通常最有效果的世界咖啡成果是发现解决关键问题所需要提出的正确问题，或首次创造机遇和其他人一起思考和探索你的形势。这些以及其他无形的成果，如建立新关系、分享知识，以及给通常排除在决策者之外的人员提供贡献意见的机会，对于创造长期价值有重要作用。

可能的结果

正式会议	**互动性论坛**
• 国家社会事业基金会被定位为全球在墨西哥新社会经济这个主题交流的关键角色	• 国家社会事业基金会被定位为全球的召集者和主持者，会创造出一个反思、探索、交流经验和创造知识的空间，促使为墨西哥和其他相关地区的社会经济做出更多努力
• 国际专家为墨西哥带来最先进的知识	• 专业知识被用来激发利益相关者展开汇谈，获取有利未来决策形成的群体智慧
• 政府代表获得有利未来规划的数据	• 所有参与者都将成为协作性学习者和贡献者

确定适合的参与者

参与者的观点和经历的多元性，也许是获取新观点和群体智慧最重要的条件。也因为如此，你邀请的参与者就成了创新成果展现的情境的一个关键组成部分。通常在设计世界咖啡汇谈时，外界因素已决定好参与者是谁。然后，提出以下问题依然很有效：若要帮助达到我们的目标，还可以再找谁来参加这场汇谈？还有哪些其他的视角可以贡献更有价值的观点？

谁可能从这场汇谈真正获益？我们往往忽略邀请或忘了邀请两类人一起参与：一类是可能被这次汇谈结果影响到的人，另一类是能提供独特视角的人。他们的声音在任何一场世界咖啡汇谈都不可或缺，所以思考谁该受邀是很重要的。举例来说，咖啡设计团队在主持一场以地方社区的未来教育为主题的世界咖啡汇谈时，便决定不仅邀请教师、家长和学校管理者，也会邀请会受决策影响的各年龄段学生。

利益相关者/参与者

正式会议	互动性论坛
• 演讲者和专家小组成员：国际专家	• 每个人都是参与者：国际专家只是扮演汇谈催化剂和学习伙伴
• 观众：墨西哥核心部门政府官员	• 墨西哥社会各界代表都可参加，包括政府官员、非政府机构代表、社会合作企业成员、不同规模的企业（农村和城市）、立法人员、教育工作人员、研究人员和学生

创造性运行外在因素

最后要说的是，外在因素是情境架构的第三因素。

厘清你的学习方法

传统会议模式强化用幻灯片来做报告和演讲，这样无法让参与者在面对复杂挑战和问题时集思广益。就像卡洛斯所发现的，有了勇气和创造力，就有可能跳出传统束缚，设计出有利学习的全新情境。世界咖啡的模式适应性很强，你可以将它融入传统的会议模式和环境中。思考究竟能利用外在设计因素发挥到什么程度，这一点很重要。以卡洛斯案例而言，策划小组想要延展传统会议模式里外在因素的意愿，导致了有助于激发个体和群体意义的创新结构。与此同时，他们也仍旧保留一些传统的会议结构，例如上午还是安排重要的演讲报告。先决定好整体的学习和汇谈方法，确定世界咖啡汇谈可以产生贡献的地方，这样一来才可以帮你设定情境，为你主持的聚会架构出重要的设计因素。

学习方法

正式会议	**互动性论坛**
• 礼堂风格 • 正式的演讲 • 专家小组探讨 • 观众写下问题，由主讲人或专家小组成员口头回答	• 礼堂风格的正式的演讲报告 • 演讲者之间组成汇谈圈，主持人协调 • 咖啡汇谈聚焦可激发在场人员参与贡献的核心问题，专家作为参与者，FONAES 官员担任各桌主持人 • 每天世界咖啡汇谈的洞察和发现，彻夜整理之后，会被融进第二天的汇谈议程中，同时也分享给经济部的代表 • 每天的世界咖啡汇谈都会根据关键主题，展开循序渐进和深入的合作性汇谈

决定会前的准备活动

FONAES 的聚会本来就会有一些细节上的事前准备活动，即使只是举办两三个小时的世界咖啡，也会注意一些重要细节来确保活动成功。例如，你必须设计和发出邀请函，无论通过邮寄、电话、电子邮件还是传真，都属于聚会前设定合适情境的关键方面。它有助于提前设定好心理期望，让参与者知道这将会是一场截然不同的聚会，每个人都可以在其中做出积极贡献。

卡洛斯的案例具体介绍了一些会前准备活动，证明营造互动性论坛展开的情境氛围是很有意义的。其中包括：寄发个性化邀请函给每位来宾，并在邀请函上说明论坛目的；创造一种特殊的符号，象征这场聚会将采用截然不同的流程；向受邀专家澄清他们在会中需要承担的职责。

作为主持人，展开你的想象力，决定有哪些会前准备活动能帮助规划者、演讲者（如果有演讲的话）和参与者，在他们步入会场之前，就可以针对这场聚会的目的和流程有共同的、积极的期待。

会前的准备活动

正式会议	互动性论坛
• 定期的策划会议 • 正式的邀请函和安排演讲者日程 • 做好聚会空间的安全准备工作	• 组成核心策划小组，展开细节设计，反映多元视角，以协商好的互动方法作为基础 • 和 FONAES 执行人员共同举办一场迷你世界咖啡，探讨最佳可能方案 • 将针对个人的邀请函发给每个人，并在上面注明新的汇谈情境 • 举办工作坊，确定世界咖啡里提出的问题 • 尽早关注资源、场地、空间设计、咖啡氛围营造和日常用品，并进行协调 • 预先告知演讲者世界咖啡里提出的问题和将要使用的流程，告诉他们该如何扮演学习伙伴的角色

考虑会后的跟进活动

世界咖啡汇谈通常需要决定结束后展开什么跟进活动。不管如何，事先想好可能的跟进活动，这对设定情境来说也是很重要的决定因素。因为它会影响邀请函的设计方式，以及聚会现场的情境设定方式。例如，如果你知道参与者的观点日后将成为长期发展的重点之一，那么你很有必要在初始的邀请函上就说明这一点。跟进活动的需求或计划，也会决定你世界咖啡的记录方式。在互动性论坛的案例中，虽然许多重要的后续动作出现在世界咖啡汇谈里，但你还是必须事前投入资源，制作出一本后续报道的政府刊物，详细说明活动的演讲内容与成果。

事后跟进	
正式会议	**互动性论坛**
• 政府制作演讲记录文件 • 考虑召开后续会议的可能性	• 政府出版各种演讲报告、专家汇谈圈学习成果以及世界咖啡汇谈中产生的见解的摘要 • 世界咖啡中讨论得出的后续行动，包括可能举行区域性世界咖啡 • 阶段性发现，被安排进后继的论坛里 • FONAES 协助专家间进行虚拟学习性互动

找到合适的场所

我们会在下一章深入探讨如何为世界汇谈营造友好的环境空间。我们发现这是可以早期掌握的重要外在因素之一，因为大部分会议室、静修场馆以及组织内部的会议室，都因没有足够的设备而不太适应举办以汇谈为主的活动。

以卡洛斯案例来讲，只是找到饭店的大型宴会厅是不够的。需要一个饭店除了有礼堂举办大型演讲，还得有足够的弹性空间举办世界咖啡汇谈和参与者成果展，如此才可激发出新的思维和突破。

保证必要的资源和设备

重要外部因素还包括时间、预算、设备、家具、用品。这些看起来以为简单的事情，却常常需要再三协调才能实现，从而为人们营造出在新方式下共同思考的汇谈情境。如下表所示，卡洛斯的互动性会议所需用到的资源，完全不同于当初考虑正式会议时所用到的资源。

资源和设备

正式会议	互动式论坛
• 为正式的礼堂式演讲准备所需设备 • 椅子排成行 • 安排观众在整场会议里的问答时间	• 为正式的礼堂演讲、汇谈圈，以及世界咖啡汇谈准备设备 • 用于租用小桌子、桌布、不透水的纸、马克笔和桌上鲜花的预算分配 • 每天下午安排适当时间举办世界咖啡汇谈

设定活动情境

我们会在第 10 章深入探讨世界咖啡主持人的角色，以及世界咖啡礼仪。然后我们也发现，因为世界咖啡汇谈与传统会议大不一样，因此通常在会议几个关头，在聚会现场再次设定情境非常重要。这包含再次澄清是基于现状或问题，才会把大家集合起来——举办世界咖啡的那个“主要原因”(Big Why)是什么？你还要强调，这种新的汇谈方式可以带来互动性学习。

在卡洛斯的例子中可以看到，直接在活动开始介绍世界咖啡的流程，对随后的汇谈方式有很大影响，汇谈方式的塑造则关系到个人和群体意义的激发。

通常，除了像卡洛斯那样分享咖啡馆礼仪，世界咖啡主持人都会先请参与者做一个简短的桌内汇谈和集体分享，讨论以下问题：回想看以前有没有遇到很不错的汇谈经验，过程中产生了新知识或新观点，是什么原因使之发生的？通过这种方式，参与者才有机会参与设定情境和框架，来支持创造性思考。

协作性汇谈的成败与否，关键在于情境的设定——无论在规划阶段、在活动期间以及事后跟进活动中。在设计和执行每个阶段的汇谈时，成为有创造力的情境架构师，是一门艺术。不仅是针对世界咖啡主持人，也说给每一位想为真正的汇谈创造有效条件的人。

为活动设定情境

正式会议	互动性论坛
• 目的清晰，但没有强调整个流程的情境 • 参与者被告知可在正式的演讲之后写下问题，请演讲人回答	• 在活动期间反复说明目的与流程 • 提醒参与者是在参与一场真正的、积极的汇谈，而非被动的听众 • 专家的分析是进一步深入思考之源 • 请参与者用不同的方法去交谈和聆听别人的谈话 • 每个人的经验与想法都能对会议整体成果带来贡献 • 说明世界咖啡礼仪以及大家如何合作 • 由 FONAES 的代表担任各桌主持人，欢迎来自不同领域的参与者 • 设定世界咖啡问题，激发大家参与讨论

问题的反思

1．想想你参加过的不错的会议、汇谈或聚会，它们的情境设定方式，不管是会前就设定，还是在会议现场设定，对整个会议的效果很有帮助吗?

2．考虑你正在亲自策划的一个聚会，基于本章所提的情境设定三个关键因素，你的整个策划可能还需要关注什么，才能帮你为这场汇谈设定情境，激发更多元的视角，达成你真正期望的成果?

3．你可能用什么方法在讨论现场来设定情境，以利参与者轻松进入这种更强调合作与汇谈的共同学习的过程?

第 4 章

原则二　营造宜人好客的环境空间

这个想法是营造一个实体空间，在这个空间里大家可以来回走动，同时是营造一个社交空间，鼓励大家彼此交流、分享和互助。如果你能将实体空间、社交空间还有信息空间的设计融合在一起，促进合作性学习，那么整个环境将成为一种学习型空间。人们会乐于在此共事并开始相互学习。

——约翰·史立·布朗，施乐公司前首席科学家

The World Café

如果我们能孕育出真诚对话的空间呢?

案例故事 1

一种共同思考的系统：飞马公司系统思考行动研讨会

戴维·伊萨克 口述

戴维·伊萨克是世界咖啡的联合创始人之一，他曾与企业、社群、政府、医疗保健和教育等领域的各方领袖，共同设计战略性汇谈，主题涵盖各种影响未来的重要议题。在这个故事中，他谈到如何为大型群体的同步汇谈创造出宜人好客的环境空间。

飞马通信公司年度系统思考行动会议，聚焦于系统思考的创新应用、组织化学习及领导力新模式，吸引了五湖四海 1 000 多名参与者。年度会议的主题是“学习型社群：建立持久力”。出人意料的是，会议协调者利安·格里洛在电话里问：“你们愿不愿意在饭店的宴会厅里策划一场由参与者共同参加的主题世界咖啡，有关群体学习及知识创造。”

这个电话在我们的办公室里造成一阵骚动！朱安妮塔、我们的同事南希·马格丽斯都几乎想象不出，创造一个 20 多个国家的 1 000 多名参与者参加的世界咖啡汇谈，会是何等景象？我们曾组织的最大规模的世界咖啡也只是针对 250 人。在参与者扩大四倍规模的情况下，我们如何仍能创造出一个温馨的、亲切的咖啡馆式的学习环境，来适合不同专业和文化背景的人们呢？

是否有可能在 90 分钟的时间内，让这么多人去探索“学习的社会本质”的核心问题呢？是否有可能在如此大型的团队里，转移大家对个人贡献的关注，帮助他们去欣赏集体智慧——一个“共同思考的系统”？我们的挑战在于如何创造出一个环境，让这种体验得以发生。

南希是一位卓有天赋的绘画艺术家、插画家和设计师。朱安妮塔则擅长把握概念性事物。而我多年来已学会如何让人们在一起时感到舒适。于是我们三个臭皮匠把我们的技能组合起来，开始想象和着手安排各种可能的事情。

以下就是我们去到会议室时所实际发生的情况。我们看了一下那间又大又空的宴会厅，思考着我们如何把它转变成温馨宜人的、容纳上千人的咖啡馆。我们必须在仅仅 45 分钟会议休息空档里，一次性完成这些改造行动。我们帮酒店找来四人座小而圆的鸡尾酒桌（这可是宴会型酒店不小的壮举）。会议志愿者们为每张小圆桌准备了红格桌布、小花瓶和鲜嫩欲滴的红色和白色康乃馨。就像在很多咖啡馆一样，我们把白纸铺展在桌布上，每张桌上放一个容器，里面装了给参与者涂鸦用的彩色马克笔。

我们没有办法移走升降式的讲台，但我们还是想办法挪走演讲者的桌子，用一张圆形咖啡桌取代它，旁边则是一台特殊的投影仪。届时南希可以利用投影仪打出一些提前准备好的图表，以及全体对话的同步视觉记录。她也曾把观众的贡献绘制成图画投在大屏幕上，让每个人的想法被看见和听见。几棵棕榈树和绿色植物也被搬来，让空间会更温馨和更具大自然的感觉。我们很走运地发现很便宜的方法——在巨大的空白墙上投射出不同色彩的图案设计。当灯光渐暗时，你会仿佛置身于充满亲密感的爵士咖啡馆。

我们意识到，要为如此大型的群体营造一个热情好客的环境，需要考虑的不仅仅是主题咖啡馆那样的实际布置。我们希望能为整个会场营造出非常不同的氛围。主题汇谈是安排在第二天下午，为了让参与者提前进入世界咖啡的氛围，我们特意安排了可以喝咖啡的休息区域，有如咖啡馆一样的情调——饮料台和附近门厅的咖啡桌上，一样铺上红格桌布。南希还制作了印着不同名言的美丽丝绸横幅，例如其中一幅是马丁·布伯名言：所有真正的生活在于相遇。这些布条挂在休息区，让休息区看起来像一个艺术秀场，而非只是可以在这泡杯速溶咖啡。我们尝试用许多细微的信号来暗示大家，不一样的、有意思的事情将在这里上演。

改造宴会厅的时间到了，南希先将一幅“请勿进入，咖啡馆施工中”的彩色标志摆放在入口，来说明咖啡馆正在施工中。我们和志愿者、饭店人员以及技术人员，也就是参与这场聚会布置的人员开了一个短会。我们告诉大家我们一定要把自己想象成这场聚会的共同主办人，这一点很重要，因为在接下来的 45 分钟，传统的饭店宴会厅将快速变身为一个欢迎客人的咖啡馆。我们需要马上行动，因为宴会厅在我们布置成主题咖啡馆之前，已被分割为三间正式的会议厅。音箱里响起欢快的爵士乐，我们逐一拆掉每座墙。这次大变身让人叹为观止，我永生难忘。

南希采集了一些著名科学家的箴言，制作了几张趣味横生的手绘投影片，让人们对我们这些工作背后的关键想法有所了解。

- 系统自我连接时，智慧也就自然浮现。
- 在生命中，讨论不是控制而是动态的相互连接。
- 真正的发现之旅不在于寻找新景观，而在于拥有新的视野。

南希还制作了一张彩色图片“欢迎来到世界咖啡”，投在宴会厅前方的大屏幕上。

等到改造工程完成之际，我们同时打开所有宴会厅大门。一位志愿者主持人站在门口迎接所有参与者，握手和欢迎大家。每个入口处的海报告诉大家，请大家一定寻找不认识的人坐在一桌，互相欢迎，努力熟悉彼此。充满才华的音乐家迈克尔·琼斯弹奏着柔和的钢琴音乐，创造出街边咖啡馆那样的温馨气氛。我们有意调暗宴会厅灯光，让大家能看清大厅里的投影，从而在如此巨大的空间营造出一种热情、安全的氛围。大型屏幕上出现“欢迎来到世界咖啡”几个字，在另一面屏幕上滚动播放科学家箴言。数百名参与者涌入会场，咖啡馆顿时充满了生机。

对比之前开会时的状态，群体能量在同一个场发生如此巨大的转变，让人感到妙不可言。当人们坐在咖啡桌前时，我们可以感受到喜悦和好奇感。他们马上开始聊起来。每个人都入座之后，整个会场充满了人们谈话的声音。

为了强调世界咖啡主持人不是传统演讲者，我将27国语言的“欢迎光临”作为世界咖啡的开场白，欢迎来自27个国家的参与者。这家咖啡馆里几乎汇聚了来自五湖四海的代表，宛如整个世界的一个缩影，我们希望大家将这里当成一家“真正的”世界咖啡馆。如果我们那天够幸运，我们就能看到并体验到我们自己就是一个共同思考的系统。

创造温馨友好、让参与者发言的环境空间这个部分阐述了在世界咖啡汇谈里如何友好相处。我们没有做任何正式的汇谈指导，也没有用长篇大论教导大家如何展开汇谈，南希只是以几张海报简要分享世界咖啡的礼仪（请参考下页）。

当人们开始共同探索第一个问题时，整个空间充满了活力！我决定在第一轮的20分钟对话结束时做个尝试。我静静举起手，传递汇谈将结束的讯息给邻桌的参与者，请他们效仿我，向别桌传递结束的信息。等到大家突然明白其中奥妙，举手动作如波浪流动在整个会场，全场人员在不到1分钟内安静下来。当我请在场参与者看看大家多心有灵犀时，我们会心大笑。

接下来展开第二轮的对话，我请参与者移步到附近的桌子。坐在原来位子的主持人，需要根据桌布上的记录和图像来分享上一轮对话的要点。轮换到其他桌的“旅客”则互相分享前一轮对话的想法，找出其中的关联。750位来宾在250张桌子旁告别自己桌的主持人，拿起自己的书、手提袋和资料，迅速走到附近桌旁，新桌的主持人热情欢迎他们，这个景象让我惊叹。自组织式的主持方法发挥作用了！

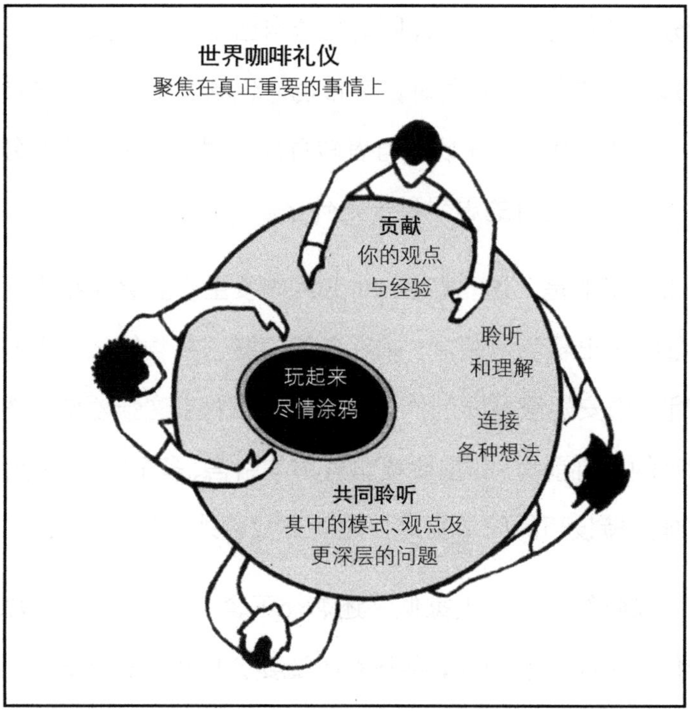

在第二轮和最后一轮，我鼓励大家尽量聆听彼此、交换意见，继而找出其中的模式、观点和更深层的问题。现在，四种不同的对话成果在每个桌子上比彼此连接，意味着意见连接和更新观点的可能性极大地增加了。

当所有对话即将结束时，我再次挥手，一如之前一般，只见静默的潮流涌过整个会场。现在会场里好像蔓延着一股特别的专注能量，仿佛可以看到。我问大家有没有觉察到此刻我们就如一个整体的系统正同步思考大家所关注的问题，在经历这一切时又是什么感觉。我和朱安妮塔没有采用常用的分组分享方式，而是走进参与者当中，和他们共同展开“全体对话”。我们给大家一段安静的时间，然后请在场参与者分享他们主要的观点，同时想象自己正在努力共同编织彼此连接的“知识网络”。与此同时，南希也为现场发生的一切进行视觉记录。作为结束，我们请在场参与者转身面对另一个人，彼此分享他们想带回去播种和培育的思想种子是什么。

让人惊讶的是，这一切在 90 分钟内发生了。会议结束人们离开时，志愿者搬出彩色包装盒，站在各门口赠送礼物给每位参与者——我和南希、朱安妮塔共同制作的大型彩色海报。这张领域地图摘录了世界咖啡的基础前提、和重要概念有关的引言、多个领域的成果贡献、世界咖啡主持技巧的简单指南，还有寻找额外资源的方法。

世界咖啡结束了，大家似乎还恋恋不舍。酒店的员工很想清场，因为他们得把隔墙装回去，再重新改造宴会厅去准备下一场会议，但他们确实很难开口说让大家停止交流。

“营造温馨友好的环境空间，以利于大型群体的汇谈与学习”，这次经历给了我什么收获？我学到的是营造出一种随和又不拘形式的友好环境很关键。这其中包括：

- 把会场布置得像真正的咖啡馆。
- 取个咖啡馆名（在这个案例里，我们的咖啡名是“知识咖啡”），以说明我们的目的。
- 即使同处于一个大型空间里，让各桌对话自成一关系密切的小团体，同时也要确保每桌都意识到自己与更大整体连接在一起。

- 使用艺术、音乐和绿色植物。
- 请志愿者担任招待和主持人。
- 在世界咖啡期间，多使用“主持人、旅客和客人”等说法，鼓励大家发扬热情好客的精神，创造友好的氛围。
- 尽量使用如播种种子或异花授粉（比喻意见的交流）的比喻，创造出一种生命系统的形象。
- 在进行全体对话时，走进参与者，融入他们。
- 穿着轻松但不随便。
- 不要用电脑幻灯片，而是用手绘图案。
- 给每位参与者一份礼物。

看起来是微小的事情，但在一个研究组织的同步智慧与知识演化的环境里，却很少做到。创造一个安全舒适而不拘形式的环境空间，一定是鼓励更多有创造力的对话的方法之一。世界咖啡的物理环境和社交环境孕育出让人想打开自己的氛围，大家展开真诚对话，甚至跨越文化鸿沟——这种汇谈比正式商业会议和异地静修营里面的对话，更具创造力、更有趣、更让人好奇、更亲密、更坦诚。我们在世界咖啡的主题会议上，又跨出了一大步，一直在汲取和学习更多经验。

视角与观察

在世界咖啡诞生之前，我从未思考过该如何主持。而对于曾利用世界咖啡汇谈，来欢迎新同事加入的乔依·安德森这位活跃的企业家而言，做主持人本身就是一种生活方式。当我们一起坐在发现世界咖啡的山顶客厅里时，乔依告诉我，她在儿时就从担任路德教牧师的父母身上学到：祖先为旅行者提供食物与庇护场所，是一件神圣的任务，也是一件有利于共同生存的方式。

旅行者们不仅会送上家乡的小礼物，还会在主人的餐桌上分享他们的故事、旅途中的见闻和一些新奇想法。乔依的父亲贺柏特·安德森曾在一个圣诞节谈到基督教的好客精神，这个信息提供了一个很好的视野。他将“好客”描述为用开放的态度去接纳新人、新观念，与我们世界咖啡汇谈的经验非常相符。他说：“好客就是欣赏他人的才华与天赋的行动，是在迎接那些能打开我们人生视野的观念。当我们以友好的态度去迎接陌生人或客人时，便是在欢迎一种全新、不知名、未曾谋面的事物进入我们的生活，从而能扩展我们的世界。”我们向来鼓励大家担任世界咖啡桌主持人，热情欢迎旅客成为我们的客人，或以“意义大使”身份进入每轮对话，也要发扬同样好客、包容、接受新观念，以及互相贡献的精神，这种精神也正是在世界各地主持和创造舒适友好空间的核心。

社会学家雷伊·欧登柏格曾在他的精彩好书《卓越好地方》里提到非正式聚会地点的重要性，因为在历史的长河里，创新点子的产生、民主的推行以及社群生活的发展，都和它紧密相关。他对于“第三地”的想法，非常有助于我们了解世界咖啡汇谈以及成功开展这种汇谈的关键。据欧登柏格所言，第三地是指除私人家族空间的“发源地”

热情欢迎就是从行动上认可、感谢他人所带来的贡献。

和平日世界的“竞争地”外的一个地方。这种包括咖啡馆在内的地方，可以提供一个中立空间，使那些不同想法、不同背景的人可以彼此包容共处。他们热情欢迎彼此，心情愉悦甚至有时带着顽皮。他们大方接受新来者，进行活泼生动的对话，以维持现场活力。事实上，汇谈本身的质量明确了第三地特征。诚如雅达·恩哈·桑德拉在《对话的乐趣》（探讨沙龙的有趣历史以及它在社会创新中扮演的角色）一书中指出，创造宜人友好的环境空间，是为了提升汇谈质量，而沙龙作为新思维的孵化器而开始闻名。

对多数人而言，创造宜人好客的环境空间的想法不陌生也不新鲜。真正令人兴奋新奇的是，你应该为日常的对话主动营造这样的环境。有个主管曾对我说：“你知道的，这种事很平常也很重要，因为当我们在聚会时或者在家里接待客人时，都会特别注意，只不过我们没有考虑到，当我们在和同事一起思考一些重要问题时，营造环境也很重要。”另一位主管补充道：“我们的办公场所以及许多饭店和会议中心，它们的环境设计都不太适合这些对企业未来至关重要的战略性思考和高质量汇谈。会议室和会议厅让人觉得冰冷而枯燥，大面积的桌子就是障碍。假如的确想支持知识分享和得到最好的会议结果，身为领导者的我们就需要多在这方面努力。”

改造传统的会议空间

关于营造友好空间以激发合作性对话的价值，这些源于人类社群传统的观点和世界咖啡的各种见解，究竟告诉了我们什么？麻省理工大多数会议的空间布置实际上破坏了合作性，这种布置只服务于呆板的单向式报告形式的会议。

学院媒体前任实验室研究员迈克·斯科拉齐，曾在他那本发人深省的著作《思维共享》中指出，大多数会议的空间布置实际上破坏了合作性，这种布置只服务于呆板的单向式报告形式的会议，鼓励了过多的单向沟通而牺牲了合作性社群。

斯科拉齐强调，若要让整个会议环境显得更活泼、更具互动性，可以发挥一些创意，例如创造出非正式会议环境，引入同步性技术工具，创造共同的空间让大家实时看到彼此的观点（在世界咖啡里用来勾画关键想法的桌布纸就提供类似的功能）。斯科拉齐给出结论："从很多方面来看，改变会议环境比试图说服大家改变行为更容易看到效果。"

和斯科拉齐一样，新西兰的罗斯莉·卡柏也清楚环境的重要性并开始践行。当这个领域里的主持人还在思考主持对话的流程与内容时，罗斯莉已经开始思考，该使用什么样的物理和心理的情境因素培育更深入的对话。"我驻足思考，是因为我曾参加过一场讨论可持续发展的会议。"罗斯莉告诉我们，"演讲者歌颂和推崇大自然，会议却定在酒店的宴会厅里，没有给听众自然光线、绿色植物和新鲜空气。"

罗丝莉第一次接触到世界咖啡是在一次国际性的妇女对话活动中。她有一个梦想："我想设计出一个可以自然地激发人们共同思考的地方，就像我从世界咖啡或对话圈所看到的对话一样。"在她的朋友、家人和合伙人的种子基金的资助下，她创立了坐落在奥克兰滨海区的商业会议中心图腾馆。它有弯曲的墙面，巨大的玻璃屋顶下是宽广的圆形接待区，让人们可以自由交谈与聚会。反映了新西兰多元艺术的文化遗产珍宝遍布馆内。萝丝莉设计了各种色彩自然且充满活力的舒适家具，会议空间里放置了数张小圆桌和大小合宜的舒适座椅，非常适合世界咖啡和其他互动性聚会。在会客厅中央有一台意大利卡布奇诺咖啡机，不仅让人们享受自助式泡咖啡的乐趣，也自然而然让大家边喝咖啡边结交新朋友。"我们的格言是'让连接更容易发生'，"萝丝莉说道，"这一点和世界咖啡汇谈的效果很相似。商业一词用瑞典语来说是 narings liv，这是伊萨克教我的，对我们来说，图腾馆一直都是 narings liv 的化身。在英语里面，narings liv 的意思是'生命的滋养'。图腾馆的目标就是，用意想不到的方式连接人们和想法，从而让生命得到滋养。"

大家开始意识到在图腾馆里，一些与众不同的事情正在发生。罗丝莉说："我们一步一步开始为合作伙伴组织提供各种思想，帮助他们在图腾馆里创建战略性对话，使用我们称为世界咖啡深层次哲学与原理，即便不完全吻合完整的世界咖啡流程。"罗丝莉的梦想是在全球各个主要城市成立图腾馆会议厅，以此证明重视对话环境的细节包括那些微小细节是非常重要的，只有这些细节得到重视，新的思维方式才能得到支持，人们才能团结起来从事我们关注的工作。

迈克·斯科拉齐的观点，以及罗丝莉的图腾馆经验，印证了我们最初的发现：创造互动性的咖啡馆环境绝对支持合作性工作。来自以色列的世界咖啡创始人之一的亚当·帕舍，曾在当地和许多重要领导者一起工作过。他指出："要想沟通达到目的，就得自己设计出汇谈的环境。你必须成为知识生态学的建筑师。”这听起来像常识，是不是？但这就是世界咖啡汇谈可以帮我们的地方——想起这些常识，并将理论转化为实践。

营造世界咖啡式学习环境的创造性办法

通过和世界各地的世界咖啡主持人谈话，最有趣的发现之一是：尽可能打造真正咖啡馆一样的对话环境尤其有用和重要。世界咖啡主持人的创新范围也令人赞叹。有很多令人兴奋的方法可以营造出友好的空间，唤醒无形的人性，因此让世界咖啡汇谈更有效。如果你是世界咖啡主持人，你只会被你的想象力限制住。

举例来说，安德列·戴尔是一位组织学习顾问，曾在各种情境下运用过世界咖啡的方法。她曾为某跨国公司创造了世界咖啡汇谈的环境，召开全球战略会议，有 30 多个国家的代表。她描述说：“我们先让人们在自己所在的国家拍摄下旭日东升的照片，提前把照片寄给我们。我们也让各与会代表把自己的家庭照片带来。在通往会议室的过道里，我们布置了一个画廊，在会议的三天期间，每天更换挂在这里的艺术品。我们还将记录全体代表每天汇谈成果的视觉画报呈现在这个艺术画廊里。”

> 布朗·霍瓦特是沙特阿拉伯石油企业沙特阿美石油公司领导力论坛的引导者。他曾在 700 人中开展世界咖啡，这种方法缩短了不同阶级人和人之间的距离，符合阿拉伯社会历史的对话传统。这则故事告诉我们，你可以创造一个适合任何文化的友好空间。

案例故事 2

建立在传统的对话上：沙特阿美石油公司

教育学博士布朗·霍瓦特

沙特阿美公司是一家真正综合性的石油公司，集石油勘探、生产、提炼和营销于一体。我们拥有总数超过 5 万人的员工，并且有 10 万家的外包商，遍布全球 54 个国家，业务活动涵盖鲁布哈利沙漠偏远的前哨站和波斯湾的海岸大陆架。我们自己还开办学校、建设公路、经营医院，支持在小城镇建立住宅。我们有几乎可以和某些国家航空公司相当的飞机与直升机航运队伍。

可想而知，如此大规模的公司遇到的最大挑战之一，就是如何开展有效的沟通。我们一直在努力解决如何来推动广泛信息共享的问题。至于所谓有意义的汇谈，就公司的复杂程度而言，简直是不敢想象。

沙特阿美工程经营服务部（E&OS）的高级副总裁萨利·阿尔艾达和彼得·圣吉一起参加了在埃及举行的国际组织学习学会的会议。阿尔艾达在那场聚会中亲身体验世界咖啡，看到了世界咖啡有潜能可以把人们的个人理想和公司的战略发展方向统一起来。同样重要的是，他看到世界咖啡是阿拉伯自身文化中对话和好客精神的一种延伸。数百年来，阿拉伯部落成员都是在开放论坛里（阿拉伯语叫作

majlis）讨论他们面临的问题的。

在完全背离商业惯例的情况下，建立在阿拉伯历史悠久的传统对话基础上，阿尔艾达举办了一场“世界咖啡 03”。他把世界咖啡作为一个有创造力的方式介绍给大家，尝试带动四大职能领域管理团队的 700 多名员工实现相互贡献。他解释这次聚会的目的是“彼此展开对话探讨真正重要的事情”，聚焦在 E&OS 的使命、价值观和商业计划。

设计这场“世界咖啡 03”后勤方面的挑战看起来如此巨大。当事情进展不顺时，逆境促发各种创意！丹·沃尔特、阿尔佛来德·汉纳和吉姆·戴维森组成了这个充满创造力的 E&OS 策划小组，当时他们发现当地没有宾馆可以容纳这么多参与者，他们便把一个巨大飞机棚改造成阿拉伯半岛里最大的咖啡馆！他们各显神通，去满足那种不可能的环境下所要用到的视听设备和技术要求，在机棚墙壁上挂设多个屏幕让所有参与者看见台上的演讲者。他们搬来数百张阿拉伯地毯，将机棚改造成为浓郁中东风的、吸引人的、亲密的咖啡馆，同时地毯也能帮忙消除 700 名参与者热烈交谈时对彼此的干扰杂音。

除了更有组织的世界咖啡汇谈，还另外举办了一场社交午餐，鼓励参与者展开非正式对话。所有世界咖啡参与者包括航空部的来宾，席地围坐在羊肉和米饭旁，享用最传统的阿拉伯佳肴。我们也刚好利用这个机会召开庆功会，表彰在过去一年有杰出贡献的个人与团体。这是一场真正肯定人们贡献能力的庆祝会，对各阶层领导者而言，的确是“严肃又有趣”的一天。

沙特阿美世界咖啡

2004 年 3 月，我们在位于布鲁哈利沙漠的偏远油田里，举办了一场前无古人的最大规模世界咖啡汇谈，取名为 Shaybah Cafe。我们邀请了沙特阿美石油公司 200 多名高层领导，和沙特阿拉伯全国各地的首席执政官与商业领袖，他们聚在一起分享知识、建立新关系、各抒己见，将这个国家的商业社群打造为一个学习网络。世界咖啡结束后，我们请大家汇聚在星空下，周围则是世界上最令人惊叹的沙漠景观之一的红色沙丘。大家在夜空下分享，将之前世界咖啡的对话推向高潮，这场景充满力量又令人感动。它唤醒大家对沙漠传统的回忆，激发他们想发扬传统、世代相承的愿望。我发现，世界咖啡演奏出了熟悉的和弦，不仅仅适应沙特阿拉伯，也适应很多其他文化族群。无论你是埃及人、土耳其人、马来西亚人、美国人或韩国人，大家都有这样的文化传统，人们亲密坐拥在一起，共同探索未来的希望与梦想。

我们的世界咖啡与当地好客传统的吻合，创造了让人们跨越传统界限建立更广的商业人际关系网的可能性。当你们在汇谈中有了十分有意义的谈话，你们分享各种观点，传播创新的火种，支持彼此做出贡献时，改变就会自然发生。世界咖啡正是一种可以让改变发生的简单自然的办法。或许，这也是为什么我们看到其他活动如风一般来了又走，却看到世界咖啡能在沙特阿美落地生根、茁壮成长。

如安德鲁所发现的那样，建立人与人之间的连接是营造宜人友好环境空间的关键因素，包括艺术品设置也是如此。想一想那些让咖啡馆或客厅变得有吸引力的元素吧——墙上的照片、绿意盎然的植物、美丽的花瓶，以及其他家居的设计。除了这些布置，安德鲁还添了一点额外的个性元素：把参与者家乡的艺术品搬过来。他们不只在工作现场融入生活氛围，还利用画廊传递出世界咖啡的多元文化特性。

玻·盖伦帕姆，飞利浦瑞典分公司 Phonogram 的前任首席执行官，也是一位非常有经验的世界咖啡主持人。他曾描述过另一场世界咖啡的创新布置。当时我和戴维在斯德哥尔摩外的一个岛屿帐篷里，主持户外晚宴咖啡，邀请 50 位瑞典人共同体验。每上一道菜，大家就得更换一次座位，而且这当中有许多人互不认识。每一轮交换位置后，我们都会提出一个不同问题，帮助参与者探索是什么是他们真正关心的，以及他们生活和工作的核心的有关问题。我曾经问玻·盖伦帕姆："晚宴咖啡表现如此精彩，你认为是什么原因？"他微笑着回答："整体的氛围！周遭很美，花园、流水，轻松气氛，这一切让你瞬间打开自己，接纳各种新的可能。它不强迫你加入讨论，但我惊喜于我们怎么能在这么快就开始敞开心扉。"

把自然带进咖啡馆里，或把咖啡馆融入自然，这个案例的确提醒我们，世界咖啡本身就是一个最自然的流程，反映了大自然里最深刻的自我组织原则。在某种程度上，作为主持人，你创造了一个和大自然非常契合的空间，邀请参与者以轻松的心态展开真诚对话，并享受彼此陪伴的创新形式。

你可以邀请许多人来尝试各种不同的对话方式。举例来说，Colonial 管道公司为了展开战略性对话，创造出一个更有魅力的环境，直接取名为“Pipeline 酒吧”以彰显不拘一格的对话基调。至于在另一个商务对话场景里，组织学习顾问汤米·西卡尔德刻意采用意大利咖啡馆主题，因为参与者必须为某大型企业的并购行动，负责全球人力资源战略的制定工作。对汤米而言，传递咖啡馆的乐趣与创意，不仅减少并购后自然会产生的紧张，也有助于参与者打开心房，在全新的人力资源战略上尽情实验与创造。“首先，我们从世界各地找来人力资源管理人员放在一个平台上，讨论其所属地区的特有挑战与问题。”她说道，“其次，我们教他们怎样画思维导图（一种视觉记录流程）。休息之后，再请他们走进‘知识咖啡’。意大利歌剧的音乐、基安蒂红葡萄酒、红白相间的格子桌布，这里被布置得如同一座意大利咖啡馆。一走进去就别有洞天。他们针对自己感兴趣的话题展开有趣而热烈的讨论，在咖啡桌布厚纸上绘制思维导图，沉浸于其中。”

将思维导图的元素和咖啡馆内其他视觉元素结合，会让右脑思维流程加入汇谈，并融合不同的学习风格。以我们通常的经验来讲，在世界咖啡中桌里的某人可能不发一语，但最后却绘制出一幅图连接所有的对话内容。我们不断发现各种方法布置咖啡馆的环境，使人们感到安全并用最舒服的方式把他们的独特天赋和观点在汇谈时表达出来。

要创造高效的对话，特别是针对人们真心关注的问题展开对话，面临的挑战之一是：如果没有足够的信任让大家觉得对话是安全的，人们就不敢分享最深层的想法或提出各种大胆想法。很显然，俄勒冈州波特兰市的大道学会研究所所长萨里夫·阿卜杜拉波兰就曾面对这个挑战。

萨里夫在费策尔研究所上“为21世纪创造和平”的对话上，第一次学到世界咖啡概念。会议结束后，萨里夫决定试办一场公共咖啡，邀请不同背景的人共同探讨民族、阶级、族裔、价值观和政治等主题。他也邀请当地的一些组织派成员参加。萨里夫在会议中说：“我们的目标不仅仅是让成员们彼此建立好感，我们希望他们从‘各自独立’的意识，变成‘我们是一家人’的想法。”

萨里夫说场所选择是成功的关键。“我们需要一种相对轻松、安全的氛围。不希望让任何人走进这里，感觉身体上、精神上或情感上会被压迫。但从另一方面来说，我们也希望它成为一次冒险。于是我们在有公用咖啡桌的节日集会市场，直接举办世界咖啡。咖啡馆老板是活动赞助者之一，附近店家也是赞助者。赞助商提供的优惠之一是，参与者可以免费享用价值5美元的拿铁咖啡和甜点。”

兼顾安全性和冒险性，正是好的世界咖啡的核心。

正如萨里夫所发现，兼顾安全性和冒险性，正是好的世界咖啡的核心。配备小的咖啡桌（一桌最多坐4～5个人）看起来是实现这一平衡的重要方面。科学家劳埃德·费尔曾参加过阿兰所主持的最初的转化式世界咖啡汇谈。那次汇谈的目的是重新设计澳大利亚的当地文化中心。劳埃德注意到“一股强大的能量波蔓延整个会场。大家受邀在咖啡馆的温馨环境下畅所欲言时，仿佛是什么东西突然被释放了”。

斯蒂芬·瓦格斯特德把世界咖啡汇谈引进瑞典的各大银行和医疗体系，他用了一个有趣的形象比喻说明世界咖啡是使用什么方法，创造出一个安全心理空间来催生新智慧的。他分享他第一次在一家瑞典银行和主管们共同主持世界咖啡的经验。他把世界咖啡形容成“孕育生命的地方，你可以在汇谈中尽情探索各种新生观点的不同的生命阶段。世界咖啡为那些孕育中的生命和新生的生命，提供一种安全的空间、养分和各种所需。桌布就像一个让所有想法集中诞生的发源地”。安全、冒险、好玩、私密、包容……所有的一切融合成一个充满活力、引人入胜的开放空间，激发新的见解和连接。

无名的品质

当我重新阅读那些跨界的研究者的反思，以及我们和全球各地世界咖啡主持人的对话心得后，我再次被著名建筑师克里斯托弗·亚历山大的观点所吸引。在他早期的著作《永恒的建筑方式》中，他描述说一种欣赏生命的深刻模式一直潜藏着在人类的心灵深处。当这种模式以有形的形式被赞扬和表达时，心灵深处那些自然又完整的东西便浮现出来。他曾在一段很美的篇章里提到“无名的品质”，这种品质蕴藏在他称为舒适、自由、完整和鲜活的地方和空间里。“拥有这种品质的地方，会让邀请我们身上的这个品质出现……它是一种可以自给自足、自我延续和生生不息的品质。它是生命的品质。为了我们自己，我们必须从周遭寻求。”

换句话说，作为世界咖啡的手段之一，我们创造友好空间的目的是去催化出合作性对话、分享心得和汇聚集体智慧。我们从不同文化当中所得到的各种世界咖啡经验，都是在肯定克里斯托弗·亚历山大的基础见解。也许，它本来就是那么简单和显而易见。相比较那些对人类灵魂来说不够友善的环境，如果有某个环境可唤起温暖、友爱、真诚和真正的对话，更能帮助我们直面难题，探索各种先入为主的假设，创造出我们真正想在意的东西。发现有创造力的方法来唤醒那个无名的品质，既是我们作为世界咖啡主持人最大的挑战，也是最大的机遇。

问题的反思

1．试想一下你曾参加过哪些真正美好的对话。你认为当时的布置或环境空间有助于成功吗（物理或心理）？

2．思考一场你即将要主持的会议或汇谈。考虑在哪发生，考虑什么样的细节安排，可以使那个空间更舒适、更能激发对话？你自己会亲自做什么事，让人们感觉到被欢迎？

3．你认为哪些同事更能发现这些有关联的想法？你会如何让这场会议或聚会的空间更受人喜欢，从而让参与者更能沉浸其中？

第 5 章

原则三　探索真正重要的问题

本质上问题和行动是密切相关的，它们闪耀着火花，为注意力、觉察、能量和努力导航。这也是我们人类生命进化的形式……创新源于提出真正的问题，即答案还未揭晓的问题。问题的功能就像对创造力发出了慷慨大方的邀请，召唤那些还未现身的宝藏。

——马利·金博格，《问题的艺术》

The World Café

如果黄金真的深藏于对重大问题的探索，那又会如何?

案例故事

探索问题的世界咖啡

世界咖啡社群成员　口述

在这场虚拟的世界咖啡里，我接收了许多世界咖啡主持人的不同视角，关于真正重要的问题带来的力量和潜能，他们都曾贡献于我们共同的学习，正是这些问题揭示了世界咖啡这种汇谈方式的关键特质。我也收录了一些同事的声音，他们既主持过世界咖啡对话，也针对“那些问题的问题”写过文章。在这段文字中，我保留了个人反思的精神和精髓，也创造性地融入了其他世界咖啡主持人的想法，他们对我们的共同发现也做出了贡献。来聆听吧！参加汇谈的成员就座之后，马上开始自我介绍。

朱安妮塔：欢迎来到我们的“问题探索世界咖啡”。在座每个人都曾是世界咖啡的一员。但请允许我再分享一下我们如何一起来行动。我们总共有三轮的对话，作为世界咖啡主持人的我，会通知大家每轮快要结束的时间。届时每桌中有一个人留下来担任桌主持人，欢迎刚参与了其他桌对话的客人。这些客人会将他们在前一桌形成的思想种子，带进下一轮对话里。重要的是，把

第一轮：开始对话

握住桌布上的图画、符号和文字的内涵，不断连接和重构各种想法。请关注在对话中出现的模式及共同主题，以及那些让你突然觉得豁然开朗的事物。也许，我们可以从我写在白板上的问题开始：

通过使用问题激发有助他人的合作式学习和集体智慧，你们学习到了什么？

你们中的一些人早已相互认识，但有些人还未认识彼此。因此最好在你加入对话之前，先自我介绍一下。

（短暂的沉默之后，其中一桌对话开始了……）

戴维·马辛：好吧，从我开始。我叫戴维·马辛。作为高级主管，在英特尔公司工作多年。目前我正在开发新的商业及社群投资。我第一次遇到世界咖啡，是参加那场最初的智力资本先驱咖啡。

弗娜·艾莉：嗨，我是弗娜·艾莉。我没有参加史上首届的世界咖啡，但我受邀参加过后来举办的智力资本先驱系列咖啡。我刚写完一本书，叫《知识的进化：扩展组织智慧》。你可以想象得到，这个关于提问的主题太让我着迷啦。

托克·穆勒：我叫托克·穆勒。从我的口音中，你可能猜出来我不是美国加州人，我来自丹麦。我和妻子莫妮卡一直在召开与主持艺术有关的研讨会，在欧洲、加拿大和美国。从集体智慧这个角度来看，我对世界咖啡很感兴趣。

戴维·伊萨克：欢迎托克！我是朱安妮塔的伙伴，戴维·伊萨克。

我直接开始好了。我认为问题打开了通往群体发现的大门。Question 这个词源于“quest”——意思是在旅程中，寻觅某种重要的东西。

托克：对我而言，一个好问题可以打开探寻之门，进入新的可能性的领域。例如，我曾在丹麦的一个小社群里主持过一场世界咖啡，主题是关于他们当地学校的未来。我们花了很多工夫，想要寻找一个最恰当的世界咖啡问题。有时候，找一个好问题比主持世界咖啡更难！我们最终找到的问题不是“学校如何会更好”，也不是“我们该如何解决学校的问题”，而是“什么样的学校才是一所好学校”。这个问题不对已经发生的事情做任何判断，也不需要即刻行动。这个问题的架构，在更大程度上创造了开放的邀请，邀请大家共同探索未来的各种创造性的可能。

戴维·伊萨克：人们往往会迅速行动。但我发现一开始探讨问题本身，有助于人们加深对彼此想法的共识。他们也会开始尽职尽责地提出最好的想法。这对共同展开有效行动来说是非常重要的。

托克：非常正确！如果你探讨的是在人们的生活中真实存在的问题，有效的行动就会自然产生。矛盾的是，行动通常是在一场有活力的对话之后产生的，而不必是一开始就设定好的目标。

戴维·伊萨克：所以你在丹麦的教育世界咖啡提出的问题，更像在发出邀请，激发大家去探索，而不是授权他们立刻投入行动，或者解决某个问题。

托克：是的，提出的问题必须抓住人们此刻的心态，切中他们最关心的利益，和他们的关系最大，然后利用集体的能量去创造前进的动力，可行的知识随之就会自然产生。

戴维·马辛：什么样的问题可以做出那样的效果？

弗娜：我一直在想什么样的问题是有生命力的？对我来说，最有能量的问题就是可以激发人们的价值观、希望和觉察的问题——一种可以逾越个人，让人们之间得以连接和做出贡献的问题。对于那些唤起痛苦或需要解决的问题，人们不会投入很多能量。

戴维·伊萨克：但是痛苦出现了。

弗娜：我不是说我们不可以提及痛苦，而是说你能为问题设定情境，并可以激发群体智慧而不仅仅是讨论痛苦。这里有一个例子。我最近曾和某大型组织合作，该组织最好的人员都流失到竞争对手那里去了。大部分的人都提出这个问题：“我们如何才能防止人才的流失？”这种问法其实也可以，但绝对不是一个有力量的问题，因为它强调如何停止疼痛。更好的问题可能是：“我们该如何留住最好的人才？”这个问题就架构而言比较正面，但还不是特别有力量。你必须找到一个问题让他们兴奋，激励他们，而且对他们而言很有意义。

戴维·伊萨克：以你所描述的案例中，最好的问法是什么？

弗娜：我先找那些未来可能流失到其他公司的关键人才一起商量，想出一个对他们来说很鲜活的问题，这个问题对他们的个人和集体的前景都有意义。例如：“我每天一早起床就很期待去上班，上班的工作环境会是怎样的？”“我在组织里，度过的最美好的时光是什么时候？”“我很喜欢去公司上班，是什么原因造成的呢？”——然后再从这里思考下一个问题。

戴维·伊萨克：将麻烦架构成问题是一个很重要的转换。我曾和某世界级皮革品公司的领导团队举办过一场未来咖啡。最后，我问了参与者一个问题：“最大的收获是什么？”大部分人都说，他们在学习上的最大收获就是能把一个挑战、议题或麻烦，转换成一个提问。

弗娜：他们这样做时有什么变化？

戴维·伊萨克：一说“麻烦”总是给人一种微妙的无助感。“我们有麻烦了……哦，不！又出现另一个麻烦了！”字里行间带着疲倦和挫折之感。只是简单地将焦点从麻烦本身转移到具有启发性的探询上，就能协助大家走出困境，打开大门。

戴维·马辛：我认为一个好问题就像一颗水晶球的种子。好问题开启一场对话，这场对话会逐步形成更复杂和丰富的格局。它以一种惊人的、不可预知的方式不断长大。当然，这也需要有适当的外部条件才行。但种子本身，也就是最开始的问题，是非常重要的。没有那颗种子，水晶就不会长大，或者说就不会长得美丽或完整。

弗娜：问题除了可以揭露事情境况的新的方面，我还发现它也会帮助我们集中精神，就如冥想一般。一个具有催化力的问题会像磁铁般吸引个人或集体的关注。我们要重视这一点。

托克：我很欣赏你们对有力量的问题的尊重态度。在世界咖啡对话里，问题就像一个“引子”，会使群体的集体智慧和深层智慧呈现出来。它带来很大的凝聚力，仿佛在问题的周围有一种无形的能量。

（对话出现片刻暂停。）

戴维·伊萨克：我们已经提出一个有力量的问题的几项属性：它是一个有重要影响的问题；它会吸引和激发能量；打开各种可能性，邀请更深入的探索；等等。还有其他想法吗?

托克：我再补充一下，一个好的问题通常很简单。如果问题太复杂、太刻板或太抽象，你就会不知道它的核心是什么。一个简单的问题能唤起多种声音的回答。例如，“什么样的学校是好学校？”甚至学校的小孩都能回答。我们继续进行下一步，问他们：“基于这些观点，关于学校的未来，你有什么想说的？”年轻人有非常棒的贡献，例如他们概述父母、学生和老师应担负的责任——这一点完全把成年人惊到了！这些都源于最初的那个问题。

弗娜：在我的经验里，好的提问可以创造出一种张力和冲突，拉着我们前进，从而缩短我们已有知识和新知识之间的差距。

戴维·伊萨克：它不仅是一个问题，它也许是一系列问题，它们会在世界咖啡进行时彼此关联起来。但你必须注意这中间的演化，如此才能为你自己或你的群体尝试找到下一个更深远的新问题。

（朱安妮塔静静地举起手，其他人看见了，也跟着举起手。随着这轮对话接近尾声，房间逐渐安静下来。）

朱安妮塔：好，现在我们进入下一个阶段。请移步到其他咖啡桌边，继续他们的对话。其中一个人必须留下来担任主持人，欢迎从其他桌过来的客人。不管谁担任主持人，都要在对话开始前请每个人做简单的自我介绍，再向新成员介绍桌布上的内容，一定让你的客人知道你们之前对话的进展，如此才能连接各种思想。不要忘了继续在桌布上记录和涂鸦。在第二轮对话里，请更深层次聆听，这中间正在浮现什么模式或关联。

第二轮：在桌间移动

戴维・马辛：我留下来做主持人。

（又来了三个人，他们就座并互相握手。）

戴维・马辛：欢迎光临，我是戴维・马辛，这一桌的主持人。我过去曾在英特尔公司做一线工作，在我担任高管期间，我曾把世界咖啡汇谈的方式带进业务工作中。

芭芭拉：我是来自惠普的芭芭拉・沃。对我而言，虽然我从来没主持过正式的世界咖啡汇谈，但世界咖啡的模式其实描述了我在惠普的职业经历，用好的问题去激发对话，让人们进行意见的交流和连接，让事情自然形成。这很有趣。

艾瑞克：大家好，我是艾瑞克·沃格特。我在国际企业学习协会担任协调工作，以前曾参加过朱安妮塔和戴维早期举办的智力资本对话。

苏珊：我是苏珊·斯科杰。我曾为纳罗帕大学的玛尔巴中心开发过领导力课程，这种课程是将反思实践和领导技巧结合在一起的。

戴维·马辛：你们可以从桌布上看见我们有美丽的图示和涂鸦……

（他边笑边向小组展示第一轮对话中产生的图示、想法和涂鸦。新到来的客人则开始加上他们的观点。）

艾瑞克：（对绘图和笔记做评论）这太神奇了！在这桌子上出现了和我们原来那桌相同的观点。例如，你们的桌布上写了，问题要更开放，同时要和大家关心的重点有连接。与前一轮我们探索的观点不谋而合。我可以在这里画个图吗？（他拿起一支绿色的笔，在桌布上画了一个小小的图，上面写着“建构”“范围”“假设”等词语。）好了，虽然这有些粗糙，但就这样开始吧。

问题的建构部分是与问题的实际结构有关的。它是否以开放式问题来建构而不是一个是非选择题或复选题呢？举个例子，如果问题是：“我们必须把公司搬到阿尔伯克基去吗？”得到的答案通常只有“是”或“否”。而当考虑“如果我们必须搬到阿尔伯克基，我们有哪些事需要权衡”时这类开放式问题答案则不一样。

一个有关“范围”的问题，可能就像你们之前在这张桌上谈到的，和解决问题或补救有关。如果你的问题是“学校最大的问题是什么”，它的范围会比“一所好学校是什么样”的问法更狭隘。

问题的“假设”部分则更微妙了。事先知道问题背后的信念或假设是什么，并有意识去运用，会得到一个大不相同的问询结果。这是目前为止我们的讨论结果，也许你们可以帮忙发展下去。

芭芭拉：艾瑞克，我很认同这种思考问题的方式。它帮助我从另一个视角去看清楚我在惠普的境况。我想我可以补充一些和假设前提有关的部分。我可以提供一个发生在惠普的真实案例，有关一个关键问题以及它是如何进展的。

（桌上来宾点头以示鼓励。）

当时我正在协助惠普实验室的远景规划，提出的问题是：“我们怎样才能成为世界上最好的工业研究实验室？”围绕这个问题我们展开全球范围内交互式的对话。如今回想，我们也像在举办一场世界咖啡，即使整个对话并不是发生在同一个房间内。有一天，有个叫劳瑞的工程师进入我的办公室，说：“真正激发我的是这个问法——我们怎样才能为世界打造最好的工业研究实验室？”

（芭芭拉在艾瑞克的表达“假设”的图示下方，多添了惠普提出的两个不同的愿景问题。）

几个词语就能深刻改变支撑问询的假设——“我们怎样才能成为世界上最好的工业研究实验室”这句话的情境比“我们怎样才能为世界打造最好的工业研究实验室”要肤浅多了。这小小的改变激发了巨大的群体智慧，不仅在惠普实验室里，更遍及了整个公司。因为这不仅是实验室的问题，更成了惠普公司大家反思的问题。正如我所想，“成为世界上最好的”以竞争作为假设前提，“为世界打造最好的”则以奉献为假设前提。

（芭芭拉在桌布上两个问题的下方分别加上“竞争”与“奉献”几个字。）

一旦进入核心问题——“我们怎样才能为世界打造最好的工业研究实验室”，我们就能依据情况增加或减小范围，可以称它们为放大或缩小问题。

举个例子，我们可以把问题缩小成“为世界而存在的惠普这句话对我来说有何意义？对我的生活、我的工作来说又有何意义？”，或者，我们也可以把它放大成“为世界而存在的惠普对我的工作团队、对我的部门或对整个惠普公司来说，有什么意义？这句话对世界本身而言，意义又是什么？”。

（苏珊涂在桌布上写下“放大”和“缩小”。）

芭芭拉的桌布

戴维·马辛：那真是太棒了！也许以后针对所有企业提出问题时，都可以带上“为这个世界”的意义。

苏珊：你知道的，戴维·伊萨克分享给我，有时候他没有事先准备问题，效果反而会比较好。他喜欢问世界咖啡参与者一个问题：“如果要进行探索，什么样的核心问题能使我们目前正在思考的事情发生最大的改变？”或者“什么是我们未知的，如果知道了，整个形势会变得更好？”这样，他们会利用自己的知识产生更多问题。

戴维·马辛：难道这不是很有趣吗？我参加冥想活动很多年。在冥想中，有意处于“未知”状态，通常这称为冥想的一种“初学者心态”。在东方传统文化中，这是所有智慧的起源。

（整个会场对话中升腾一股能量，参与者身体前倾，专心致志。朱安妮塔静静地举起手，大家注意到后也举起手，整个会场再次安静下来。）

朱安妮塔：现在开始第三轮对话。请你们回到刚刚开始的座位——最开始的咖啡桌上。请用几分钟时间与彼此分享你们的汇谈收获，并请反思："目前有什么是我们仍然未知的？对于如何有效利用提问去推动合作性学习和激发集体智慧，还可以有哪些更深入的问题？"请提出两到三个你们认为很重要的问题，然后把问题分别写在桌上的六角形便笺纸上。当这一轮结束时，我们就展开"全体对话"，成果届时自然会呈现出来。

（人们回到原来的桌位，开始分享他们从多元化汇谈中发现的共同话题与见解，也构建出他们共识需要进一步探索的深层次问题。然后朱安妮塔走到会场中央。视觉记录师雷格琴·碧沙诺则在会场前面记录全体对话的大壁画布前挥洒汗水。）

朱安妮塔：让我们聆听其中一桌，如果其他桌所提的问题也和他们有一定的关联，就说出来，让我们看看会有什么样的发现。如果别人还不认识你，请首先你说出自己的名字，并简单介绍自己。

（许多桌的人站起来发言。）

保罗：我是保罗·玻拉斯基，美国质量协会的执行总裁。我们这一桌在谈一个问题，这个问题和弗娜旁边戴维·马辛先生所提的"开启智慧"很有关联。我在思考："我们如何设计出一个有着多层次的问题，以唤起深邃和丰富的答案，与'平面式'的问题完全不一样。平面式问题无法获得响应，无法引起好奇，也无法激发创造力。"

莫妮卡：我是莫妮卡·尼森，来自丹麦。我和托克·穆勒在过去几年将工作重心一直放在主持的艺术上。我们这一桌有一个相关问题，启发我们如何让世界咖啡产生最佳的洞见："我们如何提出一个最简单的问题，让它真正地有穿透力地直指事物的核心？而我们所说的简单有多简单呢？"

卡洛斯：那是很棒的问题。我是卡洛斯·莫特，在墨西哥，我将世界咖啡运用在情境和战略规划上。有一次，我有个朋友告诉我，她去面试时，面试官说："我们只想问你一个问题，这个问题就是，我们应该询问你什么问题呢？"这件事情让我记忆犹新，也因此让我好奇不已："身为世界咖啡主持人的我们，认为自己可以发现或设计各类实质性问题，这种想法真的符合实际吗？换言之，这其实应该由最贴近问题本身的人来做。如果这件事情该由他们来做，而对于参与策划世界咖啡的人来说又意味着什么？"

玻：你说得完美！我是来自瑞典的玻·盖勒帕恩，在菲尔丁研究院教课。我认为我们的问题和你们的有联系。在我们这一桌，我们问："我们可以用哪些方法去发掘直指核心的问题？甚至在世界咖啡开始前就这样做。"也许这意味着，你需要在邀请函上直接说明，请大家把他们认为和这次世界咖啡有关的强劲问题寄给我们。我们把这些问题全部在会场里张贴出来，这样参与者一进咖啡厅就可以看到。也许，我们可以从中发现一个最有力量和最相关的核心问题，作为开场。

肯：我是肯·荷马。我帮助人们创建了世界咖啡网站，目前我正在全球致力于发展世界咖啡社群。我们可否谈一个不同的领域?

（参与者都点了点头，他于是继续说。）

我们那一桌提出了一个具有更大规模的问题。我们思考了芭芭拉的案例，即将问题做微小的改变，是如何广泛地激发全公司的共鸣的。我们很好奇："你如何发现那些真正可以'战无不胜'的问题，它可以在一次世界咖啡汇谈里引发共鸣，可以超越任何环境的限制，如惠普所发生的那样激发起更大格局的变革。"例如，什么样的有力问题，才可以让全球的世界咖啡主持人如社群一样真正凝聚起来?

朱安妮塔：这是一个值得我们共同反思的好问题。尽管已经进入全体对话，但我确信我们还没有提出所有的关键问题。所以请大家休息一下，我希望你们将最初写在六角形便笺纸上的问题，一一放在前面的大壁画纸上，这便是我们的探索之墙。当你们休息回来时，请浏览上面内容，然后把看起来彼此相关的问题进行分组。休息时间结束后，我们会花几分钟时间看看大家收集了哪些真正关键的问题，这也许可以让我们一起有更深层次的理解。感谢所有人的参与!

轻柔的爵士乐流淌在会场之中。许多人拿到咖啡后，仍留在会场里聚成小组，继续讨论。渐渐地，人们开始漫步于探索之墙，自己去或成群结队。20 分钟休息时间结束时，已经有很多人在那里摆弄六边形便笺纸。墙上开始出现不同的便笺纸族群，反映出他们这些问题的意义和模式所产生的群体共识。尽管他们没有被要求如何去做，但还是有人从格雷琴那儿拿来更大张的六角形便笺纸，将"大问题"贴在某个族群的问题便笺纸之上，提炼了那个群组的核心思想。所有人回到会场，每组都没有坐下，而是围在探索之墙周围，看看大家共同创造了什么。

南希·马格丽斯是世界咖啡初期创始者之一。在前几轮的世界咖啡对话过程中，她十分安静，此时她带头帮助参与者提炼和厘清那些大问题。又过了大约十分钟，人们似乎已经完成。他们又补充了几个关键问题，为这次探索画上了一个休止符。当人们静静欣赏这些集体的智慧时，气氛变得平静而美好。

视角与观察

我最初是从迈克·季曼塞克那里学到“要关注真正重要的问题”的，这一点尤其重要。迈克是美国菲利普莫里斯公司的现任 CEO，是一位非常睿智的系统思考者，也是大型组织变革的创新设计师。他和其他一些公司的领导者，正在积极创造更多机会和公司内外的利益相关者展开合作性对话和约定，这样可以支持公司面对挑战，满足社会期望，重塑公司的明天。我和迈克合作共事将近 20 年，曾推动不同企业的战略变革举措。随着时光推移，我开始注意到他总是能提出令人惊叹的企业和组织的点子。难道迈克比别人更聪明？还是他有胜人一等的直觉力？或者他可以秘密访问到战略女神？（这是我最喜欢的解释！）

我问迈克，我们是否可以坐下来学习他如何得来战略的洞见。在那次对话中迈克的反馈真的改变了我对问题的想法，原来问题在未来的共同发展中发挥着重要作用和力量。而他的观点也极大地影响了世界咖啡重视发掘和探索真正重要问题的方式，这也成为世界咖啡的重要特征之一。迈克沉思后说道：

对我来说，发现战略方向就如淘金之旅。金矿就藏在你要找的那个“重要问题”下面，这种问题是实实在在的战略性提问，可以牵引大家走向未来的能量和学习动力。而你如何掘到金矿呢？首先你必须渴求找到它，而且你要有好奇心。基于这些，你会随身以最好的工具、自己的经验和直觉来武装自己，自然而然你就会走向藏金之地。

你细心地扫视土地的轮廓和外貌，相当于分析你的实际生活状况。对我自己来说，那就是我们在商业、组织和社会的景象。你会开始注意周围领域的所有细节，因为你清楚地知道，金子可能就在你脚下。在这个旅程中，你会注意到各种有趣的东西，意识到自己正在开辟新天地，也可能正在走出一条你自己的路。你翻开石头，看看底下是否有金子的小碎片（也就是一些小问题），能指引你找到那个大金块（重要问题）的隐藏之地。当你审视自身境遇的时候，你环顾四周寻找趋势或其他外在的信号，目的是要看为了找到那个根据你的状况分析识别出的“重要问题”，你的好奇心和想象力会引领你去到何处。

我必须强调，我说的是提出的问题而非陈述一个困难——提问的表述方式，以问号作为结尾，绝非句号或叹号。例如，“A 和 C 之间如何相关？这意味着什么更深层的问题？”“如果 X 起作用，我们要问的是什么问题？”“在给定Y的情况下，我们如何可以……？”“真正的问题是什么？根本性问题是什么？”将问题构架为疑问而非困难是最难的一部分，因为我们是如此习惯于思考那些困难。但是，当人们开始一起提问时，一些本质的变化就会发生。问题更大程度地创造了一种学习型对话，而非针对困难展开老掉牙的辩论。

基于对迈克“认为找出重要问题尤其重要”的想法的大量验证，我开始把“探索真正重要的问题”作为早期进行战略性汇谈的关键因素。随着世界咖啡学习经验的不断深化，世界各地的世界咖啡主持人也开始意识到，强调催发性提问对创造集体智慧来说有多重要。

为什么问题如此重要

真正的问题是那些还没有答案的问题，是对创新的开放性邀请。

设想一下这种可能性，我们今天对世界的所有了解都源于我们是如此好奇。人类提出一个问题或一系列问题，引发自己的兴趣或疑惑，然后从中获取新的知识。很多诺贝尔奖获得者认为灵光闪现的那一刻，正是那个正确问题最终自我揭晓的那一刻，即便他们花了相当长时间才找到最后的答案。举个例子，爱因斯坦的相对论，源于他十几岁时的好奇所在：“如果我骑在一道光束上，整个宇宙看起来会是什么样子呢？”有人请教另一个诺贝尔奖获得者——物理学家班佳斯，靠什么成功？班佳斯回答说：“因为我找到一个切中要害的重要问题。”

真正的问题是那些还没有答案的问题，是对创新的开放性邀请，引发出从未出现的想法与见解。每一步跨进未来的脚印，都是因为有某个人或某个群体想要知道，如果改变或改善了现状，可能发生什么。他们希望能反问自己："如果我们从不同的角度来思考，会发生什么？哪些问题我们还没想到？如果想到了，也许就能让我们的现状更好。"

用精心设计过的问题去激发创新思维和落地行动，这一点的重要性开始进入公众意识。举例来说，在谈到欣赏式探询这十多年的研究和实际成果时，戴维·库柏莱德和黛安·惠特妮都很明确表示："如今我们从欣赏式探询得出的一个重要发现是，人类制度的发展遵循人类不断提问的方向而进行。"公共对话研究计划专门针对两极分化的公共议题展开建设性对话，它的创始人罗拉·加辛让我们惊醒，问题都有种隐藏的力量。它可以加剧冲突（我们要怎么变得平等），也可以加深共同理解（我们如何才能让彼此达成真正的共识）。罗拉鼓励尤其是在不确定的时代去共同发展未来，方法便是，"让对话聚焦于正确的问题——我们可以提出最有建设性和最有催化力的问题"。如果提出问题如此重要，那么作为汇谈的主持人，我们又该如何做，才能更具技巧去设定真正重要的问题呢？

提出有力量的问题的技术和艺术

富兰恩·皮维是一位善于用战略性提问推动社会改革的先锋。尽管我们仅见过一次，但他深深地影响了我思考如何创造有力量的问题。富兰恩认为，"问题如同杠杆，可以用它撬开油漆桶上的盖子。如果我们只有小杠杆，便只能撬动桶盖的一条缝。要完全打开盖子并搅动一切，我们则需要一个更长的杠杆，就像一个更有力量的问题"。

举个例子，在一场清洁印度恒河的社区发展活动中，有一个“小杠杆”的问题（只能得到肯定或否定两种答案），也许会问：“你是否想过彻底解决这条河的污染问题？”而“长杠杆”的问题则可能是：“当你看着这条河时，你发现了什么？你从这个河水的状态感觉到了什么？你将如何向你的孩子解释这条河的状况？”这种比较开放的问题鼓励大家先深思熟虑，为人们进行更深入的探索与更积极的改变打开了一扇门。

仿佛与我们正处于世界咖啡这样的学习性汇谈当中，富兰恩娓娓道来：“战略性问题运作的基本前提之一是，知识已存在于所有人之中。关键在于提问的方式，可以促发想法或能量从个人和系统中自然地释放。”这个观点与我们对世界咖啡学习性对话的观点如出一辙。

要设计出能唤醒我们内在智慧的战略性问题，这是一门艺术。对于聚焦目的、注意力与能量以及增强我们的集体能力用以提出可以塑造未来的观点，这门艺术有着重要的影响。

当我们理解有力量的问题是如何构成的时，就可以尝试慢慢增加问题的力度，看看它如何影响你主持的汇谈。举例来说，在重要汇谈开始之前，提前和参与者交流，花一点时间共同写出与主题相关的问题，按问题力度进行排序，看看你能否发现哪些问题相较更有吸引力，就如艾瑞克在本章开篇故事中建议的那样，或像芭芭拉在惠普公司全球项目中的做法。试着审视那些嵌入你问题的假设，检查它是否帮助或阻碍你的探索。注意对话中听到、读到或提出的问题的影响力度。多实践几次，你就可以增强你的功力来参与对话并提出有力量的问题。

多看看在别人身上已经起作用的好问题，也是一个激发自我创造力的方式，从而设计有力量的问题。在戴安·惠特妮和戴维·库柏莱德合著的《积极提问大全》中，他们曾分享工作中数百个引发创新思维的问题，他们利用这些基于欣赏式探询的方式的提问，促发组织和社群的各种创新想法和可能性。在第10章里，我们也会列举一些通用的问题。世界咖啡主持人发现在各种情境下的世界咖啡汇谈中，这些问题都有助于凝聚集体的注意力，连接不同的想法，创造前进的动力。在组织和社群中，这些重要的问题能激活一个有生产力和聚焦的探询领域，其特点正是“无须控制的凝聚”，因为如网络一样不断扩散的人群分享了自己面对那些直指共同探询核心的重要问题时的反应。探索你的组织或社群的重要问题，利用那些能够吸引能量及真正可以“战无不胜”的策略性问题，培育更广泛的汇谈，这是一种核心方法。这种核心方法培养我们在今天成长所需的知识，也在孕育保障未来可持续发展的智慧。

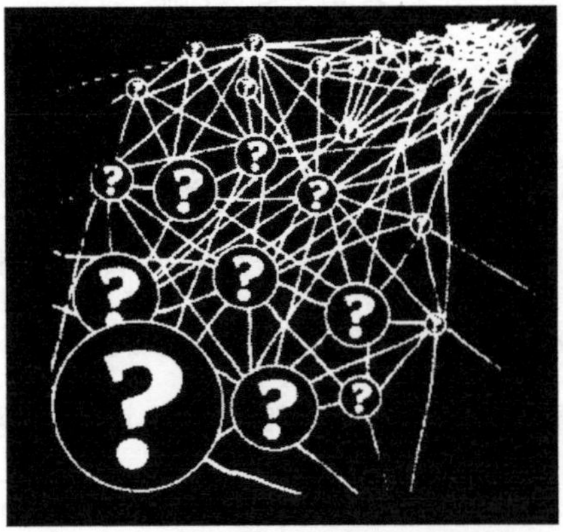

各种问题流淌在网络里

问题的反思

思考你即将主持的一场汇谈，问自己这些问题：

1．如果经过充分探索，什么问题可以提供我们苦苦寻找的突破的可能性？

2．对于负责探索的人而言，这个问题关系到他们的现实生活或实际工作吗？

3．这是否是一个真正的问题？一个我/我们未知答案的问题吗？

4．我需要这个问题发挥什么作用？换句话说，我想让这个问题可以启发参与探讨的人产生怎样的对话、意义和感觉？

5．在创建这个问题时，已经嵌入了什么样的假设或信念？

6．这个问题会让参与者燃起希望、挥洒想象、全情投入、激发新思维和形成创新行动吗？还是可能让大家关注到过去的许多麻烦和障碍呢？

7．这个问题作为初始探讨的问题，会留下空间给之后其他新的、不同的问题吗？

备注：问题改编自莎莉安·罗斯的《公共汇谈的项目》。

第 6 章

原则四　鼓励每个人参与贡献

“贡献”这个思想特别有启发性，它连接了“我”和“我们”。我们做出贡献源于我们都属于某种比我们自己生命更宽广的“大我”的一部分，但贡献的形式需要依赖我们的独特性和个性。

——凯洛尔·奥克斯，《女性与灵性》

The World Café

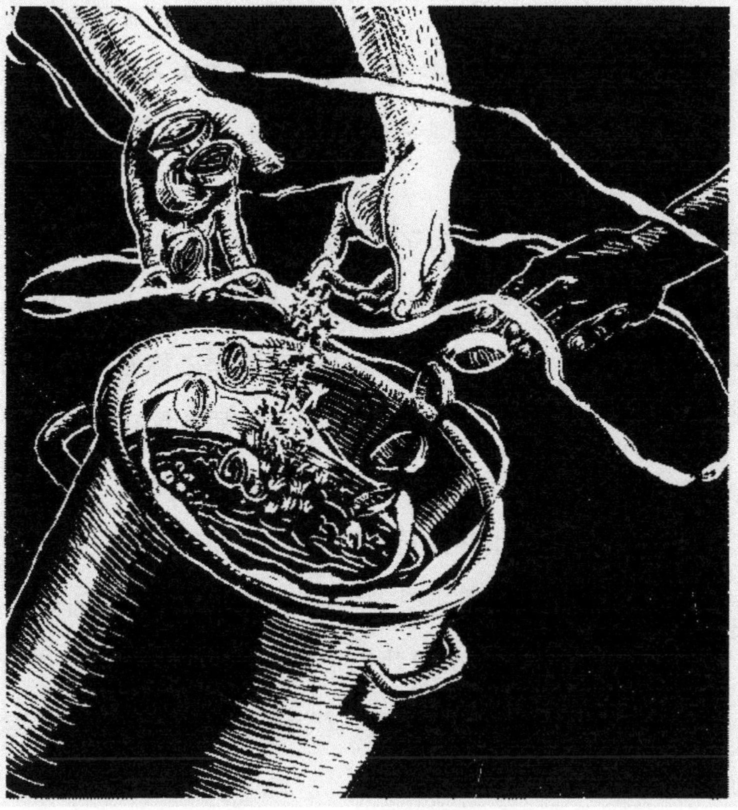

如果你的贡献真是关键因素呢?

案例故事

每个声音都很重要，培养贡献的文化：财务规划协会

首席执行官珍纳·麦肯伦 2004年董事会主席伊丽莎白·杰顿 职业和社区发展主任金恩·波托 社会和知识管理集团董事西恩·华特斯 口述

> 财务规划协会的主要目标是以社群力量提升财务规划的价值和专业水平。这个案例故事，聚焦于如何通过世界咖啡汇谈，激发人们贡献与交流意见，描述财务规划协会如何利用世界咖啡汇谈作为核心流程启发交流，使28 000名会员形成一个有力的社群，创造一个崭新的未来。

为了在财务规划协会的成员间建立更强的大家庭的感觉，协会董事会定于2001年9月12日年会上，首次举办称为“知识咖啡”的世界咖啡，并计划会后继续在网络上开展世界咖啡的后续汇谈活动。但是因为当时纽约和华盛顿受到恐怖袭击的消息传来，我们立刻决定推迟会议时间，原本的知识咖啡也一并推迟。但是我们采取了另一个后来证明是很关键的一个行动，邀请各分会加入社群的汇谈，讨论交流恐怖袭击会导致什么结果。

太平洋标准时间9月11日的下午4:30，我们召开了一次电话会议。考虑到那天的情况那么混乱，我们又临时通知，我们以为只能有十几个成员参加。出人意料的是，有125名分会干部打进电话！他们都想尽可能伸出手来支持和帮助别人。于是我们立即开设线上论坛。

一天之内，那些从来没参加过线上汇谈的人，都主动加入对话，积极贡献自己的智慧。一个充满真情的人际关系与真诚的汇谈网络开始形成，通过一种未曾预料的方式为日后财务规划协会社群的建设打下基础。

接下来几个月时间里，我们开始邀请他们来世界咖啡进行面对面汇谈，以全体会员的需求以及该协会和财务规划职业的未来为汇谈重点。我们已经从早期的世界咖啡对话里积累不少经验，知道如何做才不会让协会旧有的模式影响大家交流和贡献。举个例子，此前在做完好几轮对话和意见交流之后，为了整合大家的意见，我们都会把全体成员聚在一起。此时总有人会对协会领导说："接下来，为了我们，你们要如何处理这些问题呢？"这次我们已经学会在一开始介绍世界咖啡的时候，就先让会员们了解，他们扮演着提问者也是贡献答案者的重要角色。协会领导固然可以发挥一些有用的影响，但绝非负责"处理问题"的唯一人选。

我们举办过数十次规模不一的世界咖啡，从 4 000 人参加的大型年会到特殊选民才能参加的小型聚会，包括专为 275 名高级财务规划者所举办的静修会，为 500 多家理财产品服务供应商，加上我们的委员会及员工的经销商大会。我们从过去的成功和失败教训中发现：一定要厘清每一场世界咖啡的目的，并用足够时间提前设计好流程，才能得到预期的成果。是什么让这些小组聚集在一起？我们希望参与者体验到什么？他们是同质性较强的团体来共同探索同一个问题，还是同一个主题下可能有持不同意见的利益相关者？为了确保大家的贡献能受到重视与妥善的利用，这些都是必须提前处理的关键问题。为了让世界咖啡流程运行顺畅，需要关注许多细节。除此之外，也可以尽情发挥创意去创新运用基本的世界咖啡原则。这对新的主持人来说有时候的确会不太适应。流程本身其实很简单，但同时它也是一门艺术。

我们还发现，世界咖啡如果没有按计划而行，一定要以开放的心态接受当下。其实世界咖啡里一些最有趣的所在，往往就是当下的乍然出现，你会听到这样的声音："这怎么和我们最初计划的不一样？我们如何回归我们的目的啊？"最让你困惑的是，你反问自己："是不是这个方法不再有效？还是只是我自己觉得不舒服？"有时候突破现状产生新思维和新知识，就是得靠这种不舒服的感觉。当我们开始感到害怕或遇到瓶颈时，总会有个人跳出来说："我们何不试试这样或那样啊！没有什么是不能变通的。"

当我们在主持财务规划协会的知识咖啡时，最有趣的发现是，你可以就近观察参与者在看到世界咖啡时，以及当我们要他们主动发言时的反应。新加入的人在进入会场时表现出犹豫不决和怀疑态度。但在大部分的世界咖啡汇谈中，即便意识到和他们当初期望找外面"专家"来演讲的方式完全不一样，他们也会全然接受。人们享受这种运作模式，甚至主动贡献自己的专业技术与知识，为财务规划协会这个团队的改善做出积极的贡献。

世界咖啡的方法已经在汇谈网络建设和互相贡献方面获得很大

收益。举个例子，有 75 名当地财务规划协会会员参与在丹佛举办的知识咖啡聚会，来探讨会员们未来的业务发展。他们在会中提问自己："下一步你需要借助什么样的力量来让自己的业务更上一层楼？"会员们先在第一轮的世界咖啡汇谈里，厘清自己的事业目前的处境。在共计四轮的世界咖啡对话过程中，大家不断走动换桌，快退休的人碰上正在寻找人生导师的新进会员，甚至可能遇见他们心目中理想的接班候选人。所以在世界咖啡即将结束时，新进会员站起来向即将退休的人挥手致意。感谢世界咖啡汇谈，他们总算"遇见"彼此，在为世界咖啡贡献自己的同时，也为彼此的事业成功之路添砖加瓦。

通过这样的世界咖啡汇谈，我们将更多责任交给我们的会员。在世界咖啡里，他们必须自己提出他们认为对未来而言很重要的问题和想法。他们在世界咖啡里创建人脉网络。因此我们开始看见一种更高层次的会员贡献度与归属感。事实上，最近在和 250 名分会领导者开会时，我们曾提供他们一些主持世界咖啡的工具及辅助教材，并帮助他们召开世界咖啡汇谈，促进会员在当地为财务规划协会贡献自己的力量。

整个过程也正好反映出财务规划协会成员在参与文化上的改变。现在我们的世界咖啡汇谈已经从会员和员工单纯提供意见给董事会，转变成更强调合作的参与文化。大家愿意为组织和产业的未来献计献策。董事会、员工及会员们，也对未来愿景有更紧密的共识与默契。

我们的下一个新目标是深化会员们的公民意识。显而易见，公民是共同创造者和贡献者，绝非是搭顺风车的旅客。实事求是而言，我们还未达到那个目标。身为领导者，面临的挑战是要求选民展开真正有意义的汇谈。我们真的愿意去聆听吗？他们如何知道自己的声音已经被倾听？在我们做鼓励之后，就真的可以把领导权分派出去吗？我们真的会尊重他们的想法和贡献吗？我们的管理和决策办法会改变吗？这些问题以及其他更多问题，都将不可避免地出现在更大规模的文化变革中。答案并不简单，短时间无法说明白。但因为我们已经预见这个持续成长与演变的过程，将为我们这群领导者及旗下会员带来丰硕甜美的果实，我们就越来越愿意面对这些问题。

视角与观察

当年我在参与凯撒·切维兹农工朋友的运动时，曾在加州德拉诺市九十九号公路沿线的一间斯巴达式小屋里工作过，这间小屋地处一个破乱的工人阶层社区当中，简称“粉屋”。当时粉屋里活动很丰富，年轻人、老年人、墨西哥人、菲律宾人、非裔美国人和白种人等穿梭来往，有的是从田地里赶过来的农民，有的是学生、牧师，也有穿着光鲜的城市人。每个人来这儿，都是为了能贡献一些可以对别人有所帮助的东西。在这次农工运动里，最重要的是反思：“我们每个人能为完成更大的任务贡献什么微薄之力？”

关键词便是“贡献”。每个人都有各种方式来给予、自愿付出、提供服务。我记得凯撒·切维兹曾说：“如果你去别人家，他们给你食物，他们便是在主动付出。付出意味着心也在一起参与。付出是一种自我奉献，可以让社群充满活力。”

几年后，我开始接管某企业的业务，当时我们正在尝试是否可能将企业组织视为一个社群，会出现什么可能性。就在我们改变思路，往建立社群这个观念前进时，我们发现，尊重和鼓励每个人的独特贡献，似乎比强调参与或授权（这些概念目前仍是许多组织变革专家强调的重点）更令人信服。

我们发现，尊重和鼓励每个人的独特贡献，似乎比强调参与或授权更令人信服。

这当中的区别很微妙但也重要。贡献有着与个人的参与完全不一样的基调与感觉。强调个人参与固然重要，但那会变得彰显自我：我在发言，我在呼喊，我在参与。相反，强调贡献，则能在我和我们之间创造一种关系。企业社群里的员工开始反问自己：“为了支持公司实现伟大的使命，我能够做出什么独特的贡献？”

在世界咖啡里，贡献的作用是什么

无论是以农工运动，还是以社群方式来建立企业的努力中，我都曾在过程中体验到同样的活力，以及结合“大我”的那种以及积极意义，在我们早期世界咖啡汇谈中，我也感受到这一点。一次和帕特里克·卡尔森的交谈让我茅塞顿开，我意识到那个特殊的东西是什么。帕特里克曾是高斯领导人项目的一个学员，这个项目是丹麦的一项曾广泛运用世界咖啡学习方法的创新教育项目。“世界咖啡的定位就是贡献，”他解释说，“它始发于由某个人先付出。世界咖啡汇谈的目的

世界咖啡汇谈的目的不在于批评，而在于贡献。

不在于批评，而在于贡献。你不能因为别人的贡献而指责他。在世界咖啡里，你不需要表演，你只需要实实在在地贡献。当你做出贡献时，知识也在增长。”

那一刻，我和帕特里克就坐在自家厨房的餐桌上，我突然意识到：“是啊！正是‘贡献’这两个字！在世界咖啡运转时发生！”我开始把世界咖啡想象成一场满汉全席。每个人都贡献一道自己的独特菜肴，正是让聚餐有趣、好玩和富有生机的原因，它一直就是惊喜！如果你没有带着你独特的贡献前来，聚餐怎么能成功？在世界咖啡汇谈中，每位成员都带来自己的贡献，来参与这场汇聚各种想法与观点的满汉全席，使“大我”的群体智慧更加丰富。

哲学家约翰·杜威曾在五十多年前一次深刻的回顾中，提到共同贡献的力量与潜能，这正是我们现在的世界咖啡汇谈提倡的观念。在1937年的演讲中，有关“民主是一种生活方式”，杜威说道：“虽然每个人的天生智慧高低有别，但在充分民主的信仰下，每个个体都有重要的贡献，其价值必须在汇聚进入群体智慧时才能得到评价，这个具有决定性的群体智慧汇集了所有人的贡献。”

身为世界咖啡主持人，我们开始更有意识地鼓励大家多做贡献，将这种鼓励方式视为一种核心设计和实施原则——无论是贡献观点或意见，还是具体支持关键业务，都属于一种贡献。举例来说，我们通常会在世界咖啡汇谈一开始时，就分享世界咖啡的礼仪，这套规矩着重邀请每个人做出贡献，不是仅仅让他们有说话的机会或邀请他们参与而已。

法兰西·包德温，作为曾经为女性主管们主持过世界咖啡的女执行官，曾评论过世界咖啡里常用的“贡献”二字。“贡献这个词内含主动积极的意义，”她说道，“当别人给你主动贡献的机会时，这意味着你拥有更多的责任以及有机会去有所作为，这比只是要求你‘参与’所承担的责任还要大。”有一位世界咖啡成员曾在美国佛蒙特州一个小基督教堂教区里，参与过凯伦·史皮尔斯所主持的世界咖啡，她很肯定法兰西的想法：“刚开始，我承认我觉得困惑。接下来我才开始意识到，让事件如何有趣地发展，其实是由我和其他三名成员共同负责的。”

除了世界咖啡礼仪，我们也引进其他鼓励大家多做贡献的特殊工具。沙特阿美石油公司的布朗·霍瓦特，曾经主持过人数多达 700 名的多元化团体世界咖啡汇谈，他非常强调世界咖啡的小型分组方式和小咖啡桌的有意运用，这样有助于大家互相贡献。“即便你是很内向的人，通常在四人小咖啡桌上也可以很舒适地发言和贡献想法。”她观察后说。此外，世界咖啡主持人通常会介绍一块石头或其他小东西，作为代表发言的小工具，目的是要放慢对话的速度，以及为每一个人提供一个空间，让他或她可以针对桌上的话题做出他们独特的贡献。（请参考第 10 章的介绍）

世界咖啡汇谈也给那些善于反思和视觉化学习的成员提供一个机会，可以借由专心的聆听、桌布上的绘图或口头的沟通方式来贡献自己想法。罗拉·佩克曾运用世界咖啡的方法协助加州学校重新设计课程，他观察后说：“有人擅长聆听，有人擅长抓取模式，有人擅长视觉化思考。世界咖啡尊重和包容人们融合各种信息处理和综合的方式多样性。架构世界咖啡的方法创造出一个场域，让你不必为了贡献而成为语速最快的那个人，你可以画出与其他人的图画的连接，或者你可以创作你自己的图画与形象。当你在桌次之间更换位置，遇见不同的人时，你的贡献状态也在变化。换句话说，世界咖啡的这种运作方式，让人们有机会各自发挥所长。”

汉斯·凯恩迪第一次参与的世界咖啡，是麦格·惠特里主持的“知性科学学会世界咖啡”。汉斯在反思这次经验时，欣喜地发现这一点：“他们鼓励你多做贡献，但并不强迫你通过说话来贡献。在我们当中，有的人习惯当倾听者，有的人喜欢当观察者，世界咖啡汇谈非常尊重这一点。有的人只是坐在那儿静静地观察，不出一语，通常却由他帮助大家找出更深层的模式，这一切让我喜悦。也许这个人只字片语，却拥有巨大的贡献，他们看到树也看到整片森林。世界咖啡鼓励大家用各种方法贡献己见的原则，将许多不同的学习风格带到了咖啡桌边。当人们可以在一个友好互助的环境下，针对自己关心的问题，各自发挥所长时，能够付诸行动的知识就自然浮现出来。”

苏珊·史吉在纳罗帕大学为马尔巴商业经济中心主持过一场世界咖啡，她分享到“当人们觉得可以经由自己的贡献创造出新知识时，那会是他们兴奋的时刻。他们能感受到那股创造性能量的聚集，于是付诸行动”。他们说：“棒极了，它也是我的宝贝，我也有我的资源可以带给它。突然之间，我觉得我们正在共同孕育的东西有了生命力，而我想让它成长起来！”

除了可以促进知识的创造，强调贡献也可以激发社群的归属感。当人们开始共同贡献、共同创造、共同学习时，一种连接那个小我的个体和大我的整体的感觉便形成了。国际组织学习学会的总经理雪莉·印米迪亚度指出这种贡献、共创和社群建设三者之间的关系。雪莉在国际组织学习年会世界咖啡里说道：“我们的成员因为在世界咖啡里共同贡献，所以知道如何以集体的力量开展真正的共创。”

当包容与社群都成为文化结构的必要的一部分时，世界咖啡便开启了共同贡献的精神。在南非一所大学，亚历山大·薛福和芭芭拉·纳斯鲍姆共同主持过一场领导力咖啡。当时他惊讶于非洲学生怎么这么容易接受世界咖啡。他指出“因为在团队协作上，非洲人参与和共同决策的观念和世界咖啡方法是一脉相承的，所以学生不会觉得世界咖啡是‘西方世界的工具’”。

连接的文化

社会学家菲利浦·史雷在《优涅读者》发表了一篇精彩文章“我们心手相连”，文中深入解析了世界咖啡强调贡献所代表的更大的社会内涵。史雷认为，现有两种文化正在全世界越来越清晰可见：分裂的文化和连接的文化。你可以从国家、民族，以及其他传统二分领域里，看见这两种文化，就如事物的正反两面。

他指出分裂的文化，不论它是如何被发现，都是基于创造和维持人和思想之间的清晰的界限。无论它如何表达，差异性和排他性的感知都注入这种分裂的文化。在分裂文化里，明显可见“我们是我们，他们是他们”。相反，连接的文化聚焦于连接不一样的人、观点和世界观。在这种文化中沉浸的人聚焦于发现共同的观点与群体智慧，懂得超越那些常常会让我们的行动与视野变得狭隘的政治、社会、经济和组织类别。这种文化因为多元化而充满生机。他补充指出，连接文化的兴起，部分源于我们从新科学和生命系统的研究发现，生命都有关联。史雷指出，我们到底该选择生活在分裂的文化还是连接的文化里？这个问题在今天甚至可能在今后几十年里，都是一个重要的社会问题。

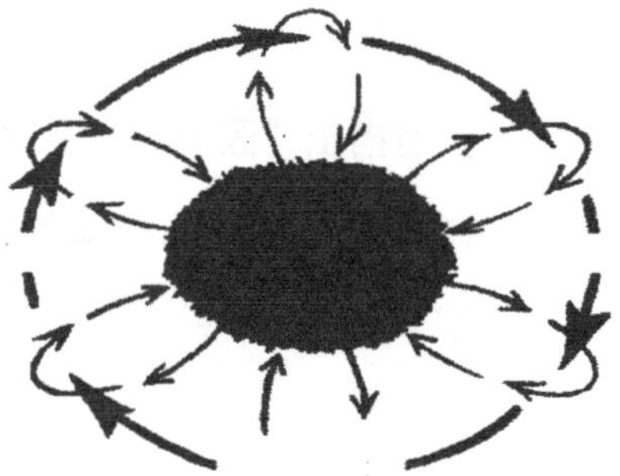

让连接的文化恢复活力

我们相信让连接的文化更具活力，是世界咖啡为我们的共同未来所带来的独特贡献之一。世界咖啡汇谈有目的性地鼓励人们积极做多元的贡献。随着汇谈的开展，以及各轮汇谈之间的自我扩大效应，人与人之间以及各种想法之间的连接会越发紧密。有意识地运用各种生命网络系统的动力，聚焦真正重要的问题，世界咖啡汇谈丰富了个人关系网络，培育出跨越传统界限的社群归属感的体验。随着连接的建立和社群的壮大，以共同利益为目标的坚定行动是自然而然的结果。

加拿大赛诺菲圣德拉堡制药公司的伊凡·巴斯坦，曾在公司里广泛运用世界咖啡。他视世界咖啡为一种在员工之间以及更大社会关系下创造社群的行动。人们意识到我们不仅为自己工作，而且为我们的病人和社群工作。积极地连接更大的社会，是我们世界咖啡汇谈的最终成果。

越来越多的人有机会体验世界咖啡所孕育的共同贡献、连接、社群与承诺，我如此地希望，无论我们的国籍或政治立场是什么，更多的人都能真正尊重和拥抱连接的文化，借由它而进入一个真正尊重生命的美好未来。

问题的反思

联想你正在筹划的一场会议，让自己思考以下几个问题：

1．你能想象出多少种有趣又实用的办法，可以邀请和激发每个人都贡献出他或她最好的想法？

2．你可能用什么方法帮助参与者改变想法，从自己单纯作为参与者，转变为一个可以为群体积极贡献的人？

3．如果下一次你参加或主持汇谈时，你个人可能将如何鼓励每个人做出贡献？

第 7 章

原则五　交流并连接不同的观点

当知识相互连接时，新的知识组合会自发而成。观点受到激发产生新的观点，彼此互相连接，直到产生更多知识。这是非常自然的过程……分享知识，意味着人们开始交流对话。

——薇娜·艾莉，《知识的演化》

The World Café

如果智慧会随着系统以各种不同而创新的方式自我连接而浮现，会是什么情景?

案例故事 1

“和平咖啡馆”：维多利亚大学法学院

克劳蒂亚·切德 口述

伊拉克战争爆发前夕，加拿大英属哥伦比亚维多利亚大学法学院的学生纷纷加入线上论坛，针对战争的价值展开辩论。那些发表在网络上的文章，很快就开始变得针锋相对，各持己见。但学生们在学校里又没有别的地方可以讨论这个话题。法学院的学生克劳蒂亚·切德用这则故事告诉我们，一群学生是如何利用世界咖啡汇谈的方式，打破传统界线，连接不同观点的。

2001 年 9 月 8 日，是我到法学院报到的第一天，结果新生训练那周就碰上“9·11”事件。令我失望的是，尽管我们是创新型的法学院，学生结构非常多元化，却很少有场所可以让我们像社团一样，聚在一起讨论眼前的大事。我们听见有人在走廊上窃窃私语，少数几位消息灵通人士对外打了几通紧急电话之后，才知道发生了什么大事。我记得我们就站在校园酒吧的外面，通过玻璃门盯着里面的电视荧幕，等待着酒吧开门。我们法学院的学生根本没机会聚在一起讨论这件事。没有人告诉我们：“如果你很想了解眼前的大事，或者只是想随便聊聊，都欢迎加入。”在校园里，处处可见其他的集会与组织，但那天在法学院里，什么也没有。

我们需要有一个社团，这个想法促使我们这群学生开始在校园里成立人权联合会。我们的重要使命之一是，为学习型汇谈提供一个场所，它会尽量朝多元化的目标前进，包括观点的多元化和成员的多元化。我的工作是负责设计每个月一次的公共论坛。

2002 年夏天，我参加香巴拉真诚领导研究院举办的一场策略性对话的研讨会，并在那里首度体验到世界咖啡汇谈。回到学校，我就和我的同学们决定要尝试把世界咖啡汇谈模式引入我们的公共论坛。

我们特地选定 9・11 周年纪念日，举办第一次世界咖啡。大家都很感激世界咖啡汇谈方式让他们有机会针对当今的重大议题发出自己的声音。同年，我们又举办过多场世界咖啡活动，每场都很成功，但我真正想告诉你的那场世界咖啡汇谈，是发生在 2003 年春天，就在伊拉克战争爆发的前夕。

我们学校有一个线上论坛，这个论坛一向无人灌水，但就在战争开打前的那段期间，忽然涌进许多对此事件的看法。短短十天内，就有超过两百人上网发帖。没多久，那些帖子中开始出现辱骂的字眼，明显出现一种紧张的对立情形。其间，我发出了公告，通知大家我们要举办一场世界咖啡汇谈，让大家能够互相阐述观点并有面对面谈话的机会，借此减轻彼此对立的情形。尽管我一开始对这个想法有些犹豫，但最后还是决定坚持下去，于是在人权联合会的大力支持下，在学生会主席以及众人的帮助下，终于办了一场我们迄今为止最大规模的世界咖啡汇谈。

时间定在星期五的下午，大约有 1/4 的法学院学生参加（没想到反应竟然如此热烈）。参与者从 20 岁到 60 岁各年龄层都有，其中包括一名军官、一位国际人权人士，还有中东学生（有些人的家人还在伊拉克）、一些退休人士，以及有家庭成员担任此地域国际记者的学生。除了形形色色的学生群体，也有教授大驾光临，这对学生活动来说是很不寻常的事。显然，很多人都对这种形式抱着怀疑的态度，大部分人还没来之前，就已经有各自先入为主的看法了。

关于接下来会发生什么，我真的很紧张。我们的主持团队，最重要的任务也就是要互相支持。开始准备此次世界咖啡的时候，我们就欢迎任何有兴趣参加并愿意帮助我们设计活动的人来参与内容的设计，包括提出我们将要讨论的问题以及制定必须遵守的规则。以前我们在举办世界咖啡时，都会事先发送书面材料给参与者，激发他们的思考。但这一次，我们决定只发普通的邀请函给每一位要参加的人，请他们提前告知我们是否愿意在会中简单分享个人故事，告诉大家这场战争对自己所造成的影响。结果有两名教授（一位是移民学者，另一位是宪法专家）、一位人权主义者和一位军官主动报名。

这位军官曾因在线上论坛发的帖子，引发众人对他的敌意。事实上，我们也正是从他身上找来灵感为此次世界咖啡设定情境的。他在其中一篇帖子中提道："请听我说，不管我们对这件事的意见有多么大的分歧，唯一可以肯定的是，我们都爱好和平。只不过我们对于如何实现和平有不同看法罢了。"当我听到这件事的时候，我心想："太好了！如果我们能从这个观点出发，就不会变得好像"你是好战者，只想搞破坏，而我爱好和平，所以我的道德标准比较高"。它可以打破一般人对道德的是非标准，开启对话的空间。

等参与者全部到齐之后，我们开始设定汇谈的基调。首先，我请大家回想以前曾经有过的美好对话——那种可以带动大家思考、激起好奇心甚至引人大笑或大哭的对话。我告诉他们，如果愿意的话，可以先和相邻的人分享自己的经验——再和全桌人一起分享，告诉他们是什么原因促成了那次美好的对话。我还告诉他们，我希望在这场世界咖啡汇谈里，我们可以超越法学院那种传统的针锋相对的交谈方式。我们也以主持人的身份询问参与者，是否愿意遵守几个简单的规定：谨守保密原则、确保每个人都有说话的空间、聆听并尊重别人的发言。曾参与过我们之前世界咖啡的学生会为同桌成员说明这些规定，并且以身作则。我也简短说一下世界咖啡的基本礼仪，这些做法帮助大家对这场对话有了与之前不同的期望。

就在我们开始之前，突然有人发言，建议大家花几分钟时间默祷，因为这起冲突事件会让许多人面临一生中的生死关头。当我们低头默祷时，会场气氛起了很大变化。因为默祷的关系，再加上我们用小铃铛来示意大家更换座位，整个会场的气氛变得柔和许多，人们可以有机会做个深呼吸放松下来，更愿意深入聆听彼此的谈话。

在四位志愿者当中，军官是第一位上台分享自身故事的人。他告诉大家，当人们开始在线上论坛群起攻击他时，他感觉很受伤，他说他有个朋友在联合国维和部队任职，曾亲眼目睹人们失去生命，却无力阻止惨剧的发生。他由衷相信，只要正确运用军队的力量，如联合国的维和部队，去阻止流血事件的发生，维护和平，还是会有希望的。说到这里，他的眼中泛有泪光。其他自愿分享者也是这样充满个人感情且十分真诚的。每个人分享完自己的故事，我们都会停顿一小会儿去体会他们所说的，不管我们是否同意他们的观点，我们都感谢他们的贡献。个人分享时间结束时，会场上很多人也都热泪盈眶。个人故事的分享，竟然有这么大的魔力可以促进更深层次的对话，着实令我大开眼界。

个人故事分享后，我们进行了三轮世界咖啡汇谈中的第一轮。我们请参与者针对以下问题进行讨论并分享他们的答案："这场战争对你个人有何影响？"然后再针对下面这个问题，继续讨论："在与这场冲突有关的问题里，和平这个词出现在哪些问题里面？和平看起来是什么样的？在争取和平的过程中，法律扮演什么角色？"等到第二轮的对话时，我们聚焦的问题是："你对于和平的认识和愿景，反映出什么样的社会理想和个人理想？"在第三轮的对话里，我们又回到最初的主题，并请教他们："为了争取和平，创造进一步的对话与共识，你能做些什么？"

世界咖啡汇谈的过程会很自然地让人们认识到"自以为是"和"固执己见"是错误的。也许是因为你坐在摆放着蜡烛和鲜花的咖啡桌旁，和四个人一起聊天，无法让你摆出高姿态。是这样吗？还是因为你不断更换座位，所以不会固执己见。盔甲也会有小裂缝，再强悍的人，也有柔软的一面，当你换到别桌，与其他人、其他想法连接时，你发现每个人原有的想法都开始发生松动。在第二轮对话里，大家好像共同舒了一口气似的，因为他们发现会场里每个人都在真心地与他人交谈。

当然，这里也存在一些挑战。有些桌上的参与者不断提高声音，甚至不让别人插嘴……我的意思是，会场情况并非十全十美，但有个朋友告诉我，她觉得整体看来，会场里的氛围是柔和的，她很高兴这场聚会注入了某些柔和的特质，特别是在这场以战争为背景的对话里。

在最后一轮全体人员集体汇谈时，原本我以为会听到与和平有关的伟大见解，却没想到大部分的对话焦点竟然是对在线上论坛的互相攻击表示歉意，并感谢能有机会像今天这样全新的方式聚在一起，感觉很棒。我们的学生会主席贾斯汀甚至写信告诉我，以后遇到学生们关心的重大议题时，都应该通过世界咖啡这种方式展开对话。

此次世界咖啡的成果让我深受鼓舞。它改变了我对采取行动的看法，特别是对立严重的情境里采取行动的办法。我认为，改变你和别人相处的方式就是一种非常有力的行动办法。最后，世界咖啡给我们的最大财富是，让来自不同背景的人从对话中懂得尊重彼此，并开始理解为什么各人有各自不同的感受。那天的世界咖啡汇谈让大家开始注意到，我们很愿意互相交流，很愿意待在同一个社团里，尤其我们在法学院里已经同学这么久了。我的感觉是，我们好像正在建立一个我们想要生活在其中的理想社会模型。而这就是行动，不是吗？

视角与观察

回顾早期的世界咖啡经验，曾有许多世界咖啡主持人说过，当参与者和各种想法不断在各轮的世界咖啡汇谈里移动流转，迸发出新的连接和关系时，就会有一股昂扬的情绪与能量不断回旋上升。有时候，你会觉得这些不断进行着的一轮轮对话，在激发着整个群体更大范围新的智慧。而且正如克劳蒂亚的故事所描述的，当参与者被要求不仅带着自己的想法，还得帮忙传送他人的关键观点到下一轮的对话时，原本不可撼动的自我立场开始有了松动的迹象，进而创造出一种更开放、更有利探索的氛围，来迎接新观点的涌现。医学博士艾美特·米勒曾在加州的内华达市为来自不同社群的伙伴们主持过世界咖啡汇谈，他是这么描述当时情况的："通常在一个团体里，我们都局限在自己的角色中。当我们在面对某个主题或问题时，总是立场偏向一边，再不然就是固执己见。但在世界咖啡式汇谈中，当你换到另外一桌时，就算你有自己的'立场'，你也不会被它困住，因为你被要求把前面整桌伙伴的关键想法都带到这一桌。你必须对他们说'这是我们那一桌的汇谈成果'，而且你必须了解到这桌的伙伴如何理解这些成果。然后你再和他们一起进入下一阶段的思考。你每一次都只和少数几个人进行密切的交谈，但随着你在会场里移动位置，你忽然觉得自己像是和 10 个人、20 个人、30 个人、上百个人甚至整个会场的人，展开共同的对话！这种意想不到的共同体验有一种不可思议的魔力。"

生命的运作方式

直到有人推荐我去看米歇尔·沃尔德罗普那本引人入胜的著作《复杂：诞生于秩序与混沌边缘的科学》（1992）之后，我才开始更为深入地思考世界咖啡的运作流程，这种模式，尤其是在大型群体参加世界咖啡的情境时，激发了全新层次的合作性思考，并协助发展出各种意想不到的见解。沃尔德罗普描述了圣达菲研究所多学科科学家的冒险行动，他们在复杂的适应性系统领域里，进行各种突破性研究工作。他的描述让科学的观点变成了现实。

我们最美好的世界咖啡体验似乎体现了圣达菲研究所某些研究人员有关学习和变革的发现， 很多深入探索各种生命系统的运作规律及其对人类组织和社群影响的专家们，也有这方面的发现。

圣达菲研究所的许多先锋人士被记录在沃尔德罗普的智慧冒险故事里，其中之一就是约翰・霍兰德，他的研究范围小至细胞、大至整个社会系统的学习和适应的基本过程。霍兰德强调当系统内部有丰富的互动网络，外在配合新奇的环境，各种新机会和空间的可能性都可以在其中探索时，最佳的学习和发展状态就会出现。霍兰德的发现得到了多恩・法默的理论补充：在任何系统里，那些令人惊奇的全新可能，不仅仅出现在个体部分或网络节点，更多乍然呈现在它们的连接处。

在《嵌入式心智》这本书中，认知学家瓦里拉、汤普森和罗奇指出一件有趣的事：大脑的新知识学习和发展动态模式如同其他生命系统里的关系网络，只要出现彼此动态连接的简单元素，就会自动展现自我组织和乍然呈现的特质。他们还补充道，如果出现了一个能凝聚注意力的“吸引子”，即便最简单的网络也能发挥丰富的自我组织能力。

正如我们第 1 章所提的，瓦里拉和马图拉纳曾提出一个重大观点：在人类的系统中，作为持续的生命之流的一部分，我们参与在各种汇谈的网络中，在这些网络中，我们借助语言进行社交组合，从而造就了我们体验到的世界。

最佳的学习和发展发生在丰富的互动网络中。

总之，我发现这些多样化的观点非常有趣。我们能否把这些生命运作方式中的发现应用到团体对话中，从而使参与者能够获取更多的集体智慧呢？世界咖啡流程是否能够让我们把汇谈网络的作用在未来的共同演化中变得更加明显和可行？我们特意邀请来自不同领域的参与者，鼓励大家贡献自己独特的见解，这样对话就变得更加丰富和多元化。当参与者在各桌之间移动座位，带着思想的种子从一张桌子换到另一张桌子时，他们连接彼此的思想、观点和问题，再现了马图拉纳和瓦里拉描述的汇谈网络。

提出强有力的问题，就会产生类似于在“群体心智的脑神经上”聚焦注意力的“吸引子”的作用，会激活汇谈网络的自我组织能力。这种新的连接同时也创造出约翰·霍兰德所提过的那种新奇空间，在这个空间里，人们可以探索各种新机会和空间的可能性，也可以探索“共创一个新世界”的机会。

谈话的演变

除此之外，世界咖啡通过四到五人一组这样亲密的谈话方式，以及交叉轮换不同思想的多轮对话方式，有意把个体和整体联系起来。我们鼓励参与者带着前一轮的谈话要点或有趣观点，前往别桌继续讨论。当这些想法和见解在汇谈网络里迅速传播时，整体观点中的要点就越来越明显。世界咖啡参与者将这种经历描述为“思想的共鸣”“系统之火的点燃”“观点的加速演化发展”。

整体的乍然呈现

我们对于这些新科学提出的各种探询，以及对话的理论及实践提出的各种问题，都感到很好奇。世界咖啡满足了一个期望：不仅可以在对话过程中产生一些有趣的观点，也能让参与者个人在最适当的时机与整体形成一种独特的关系，促使集体智慧的乍然呈现。物理学家戴维・柏恩把这种智慧称作“为我们共同的未来展开对话的伟大前景”。柏恩说这种真正的汇谈里浮现出来的感悟和智慧，不只出现在参与者个人层面，也同时出现在整个集体层面。“这是一种个人与集体的和谐统一，”他说道，“它会不断整合，直到完全统一。”

在每次的对话里，个人贡献的意见都聚焦在真正重要的问题上

人们在彼此的观点上添砖加瓦，每个人从自己的角度贡献观点，创造新的理解

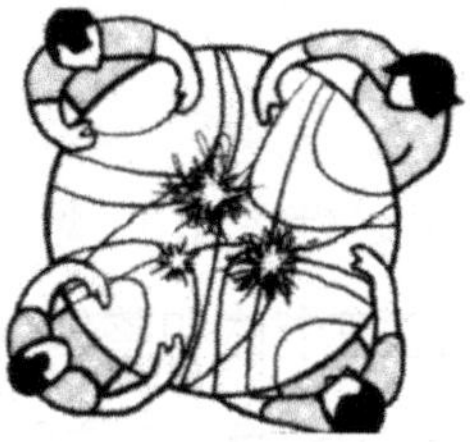

当人们发生新的连接时，就观点的火花开始迸现，这种情况不会在一个人思考时发生

整体继续演变成更大的一致性——发现了集体智慧

分组讨论产生智慧的模式

当对话中以多样化的视角探讨各种问题时，就会出现创造性的智慧整合和更深层次的思考，我们的同事汤姆·阿特里称之为“集体智慧”。世界咖啡的主持人和参与者们在谈及自己收获最大的世界咖啡汇谈经验时，常喜欢用“集体智慧”形容这种“魔法”。冥想者基金会主席马克·葛松提到一个和“这种魔法”相关的活生生的例子。当时他举办了一场极具挑战性的汇谈，参与者是以色列的阿拉伯人和犹太人，他还记得：“到了关键性的中场时段，双方陷入僵局，于是我提议我们可以在晚餐时候按世界咖啡流程汇谈，讨论的一个问题是：

‘你要给大家讲一个什么故事，让桌上来宾知道，你对巴以冲突的看法？’”参与者里有一位数学天才，他算出一种很棒的方法，可以确保每个人都能和不同参与者有对话的机会。由于每位参与者说的故事都很有震撼力，再加上不断在各桌之间与不同成员分享故事，僵局最终被打破。第二天早上，当我们发现到僵局终于被打破时，我就知道是世界咖啡流程的说故事方式促成了这一切。

社区发展专家肯诺利·欧利曾在一场大型的世界咖啡汇谈中有过类似的经验。“世界咖啡里有某种东西抓住了我，”他说道，“我可以强烈感觉到来自‘会场中心的声音’。当各种对话在世界咖啡里不断交织成形时，当各桌的参与者不停互动产生‘化学反应’时，我有一种整体感觉，一种比所有个体总和更加强烈的感觉。这种神奇的感觉令我惊叹！”

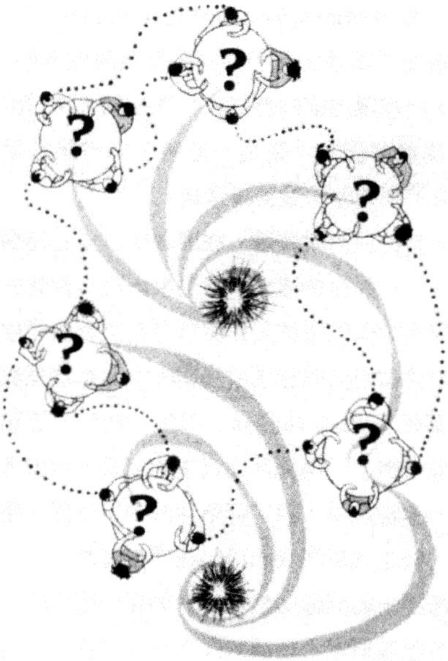

当人们在各桌之间分享见地时，那种“场中的魔法”和整体感越来越触手可及

分组讨论产生智慧的模式（续）

案例故事2

事情豁然开朗：菲尔丁研究院

玻·盖伦帕姆　巴克雷·哈德森 口述

玻·盖伦帕姆博士和巴克雷·哈德森博士，是创办菲尔丁研究院“组织管理”和“组织发展”两门线上硕士课程的教授。这是一则通过世界咖啡意外发现一种核心策略见解的故事，这种核心见解塑造了该项目的未来。

两年多来，我们一直努力地说明我们的网上硕士课程项目和其他线上课程如何不同，但就是不得要领。为了拓展我们的思路，我们特地找来金门大学的教授们共同参与世界咖啡汇谈，他们的传统科系和独立的网络学院都提供线上课程，我们集中讨论的问题是：“关于在线课程，我们相互之间可以学到什么？”

等金门大学的教授离开后，我们继续进行自己的“反思世界咖啡”。在几轮的世界咖啡汇谈中，我们不断在各桌间移动位置，将互相激荡出来的观点，和金门大学教授先前所提出的见解进行结合。就在我们即将结束全体汇谈前，有个核心观点仿佛横空而出，描绘了一个清晰远景，即菲尔丁研究院的硕士课程目标与设计能够做出的独特贡献。虽然是从某一个人的口中说出，却道出了最初把我们聚在一起的、有关深层次智慧目的的集体共识。

对我们而言，这个观点虽然简单，却意义重大。也许这就是一种洞悉，也就是“关于学习的学习”的观点。我们突然明白我们所共同支持的，是某种超越线上技术与专业内容的一种学习方式：个人与集体的自我认知和批判性思考的技巧，已经从课表式的学习和正规的学校教育，晋身为终身的学习与人生价值。现在当我们设计课程时，当我们在和学生以及其他机构分享我们的课程特色时，都是采用“学习的学习”相关的各种具体的标准。那天在世界咖啡里意外浮现的集体“惊喜”，已经成了我们未来战略方向的转折点。

卡罗琳·鲍德温曾经担任佛罗里达州波克郡学校区域主管的助理，她说：“世界咖啡的网络结构层次可以让整个团体‘多出许多眼睛’，这些眼睛会从许多不同的视角来检视同一套问题。”她解释道：“整体性源于能够从不同角度来审视这个系统。”在核心问题上连接大家以及各种观点，使我们可以更清楚地看见整体的形貌，而这正是世界咖啡的学习方法。

“乍然出现”是可以设计的

世界咖啡的流程，不只是为集体智慧随时乍现提供一个有趣媒介而已。事实上，它也是一种简单但刻意结合的结构——能创造出有利的条件，来迎接各种意外收获、全新的意义模式，以及“来自会场中心的声音”，尤其在小组人数比传统汇谈人数多的时候。

但这究竟是怎么运作的？在我们和物理学家弗里特焦夫·卡普拉谈过之后，这个疑问迎刃而解。他指出，事先设计好的结构和临时乍然呈现的结构之间本身就存在自然的对立关系，设计好的结构如正式的组织图，临时乍现的结构如多数组织中实际的非正式工作模式。事先设计好的结构预先设定了规格，至于临时乍现的结构，其自我组织的方法往往无从预料。世界咖啡汇谈同时运用了事先设计好的结构和汇谈中乍现的自然结构，目的就是让汇谈能够连贯地进行而不需要人为地控制。

为了增加新观点产生的可能性（当然从来无法确定一定会产生），要把世界咖啡的七项设计原则综合运用，作为设计“乍然呈现”的工具，这样才能产生集体智慧。世界咖啡对于汇谈性学习和集体智慧上的独特贡献之处，或许就在于它能将创造性地让参与者和想法做异花授粉似的交流，与提出有吸引力的问题相结合。在英特尔做过高管的戴维·马辛指出，认真构思出来的问题就像“吸引子”一样，围绕着这些问题，各种观点不断演变，创造出各种连贯的意义模式。在解释这一方式如何运行时，马辛说：“汇谈开始时，问题就摆在桌面上，大家围绕问题开始讨论，当参与者来回移动位置进行几轮后，每个人对这个问题都有自己不同的看法，随着谈话的进行，每一轮都比上一轮多了一些连接。你可以想象这个原始问题的周围正逐渐形成一个三维网络，兼具深度与广度。我称之为更高层次的思维融合，这样比随机演化更有指向性，更像共同乍现出来的。”

弗里特焦夫·卡普拉也补充道，当这种网络式的交流突然有了重大理解上的突破或乍现新的理解时，它“带来的创造性体验，往往让人觉得像魔法一样”。事实上，丹麦的世界咖啡先驱芬·沃多夫把世界咖啡汇谈过程中新见解乍现的经验描述为“场中的魔法”。

世界咖啡的各种变体：把参与者和观点创造性地融合起来

在世界咖啡汇谈中，为了增加汇谈中互动的深度和广度，让那些原本想不到的各种想法和观点呈现，我们可以运用各种方法，其方法种类仅会受到汇谈目的和主持人的想象力的限制。世界咖啡领域里，主持技巧显得格外重要，而主持人的创造力也关系到对话是仅仅有趣，还是能够体验到集体智慧启动的“魔法”。

世界咖啡把参与者和他们观点连接起来的常用模式，就是在20～30 分钟的每轮汇谈后，让参与者移动到不同桌相互聆听和交流。不过有时候一轮讨论会持续更长时间，这要根据汇谈目的、可以支配的时间，以及通过对问题的不断讨论探索得到的信息而定。每一轮汇谈中，通常都会有一个主持人待在原桌，欢迎其他桌的伙伴来参与讨论，并向他们大概讲述这一桌在上一轮对话里的要点，该桌的其他伙伴则像“观点大使”一样把他们刚才汇谈的要点带到其他桌，分享并收集大家的观点。有时，一个桌的主持人自始至终都待在原桌不离开，尤其是需要这个主持人充当“内容管家”的角色，为稍后的行动计划收集整理资料，或者你需要该桌的参与者在去完其他桌讨论后，还要再次回到原桌，继续更进一步的讨论。有时候，主持人在再下一轮汇谈中也会移动到其他桌，以便让每位主持人都能够体验到其他桌的“汇谈旅行”，如果汇谈目的是构建一个新的人际关系网或者培养一种社群意识，这种模式非常适合。

另一种汇谈模式由我们的同事芬·沃多夫构想：第一轮汇谈结束

后，主持人仍留在原桌，该桌的其他三人或四人则分别到其他不同桌展开“聆听之旅”，大概 10 分钟。他们的任务是从别桌主持人所分享的故事里收集一到两个有价值的观点，等到最后一轮汇谈回到原桌，继续一起综合讨论这些观点。

查尔斯·萨维奇，是把像“异花授粉”一样交流意见作为世界咖啡模式之一的第一人，他创建了称为“动态团队和知识网络”的学习方法，帮助人们发展新项目的点子。举例来说，在经过第一轮桌上四人汇谈后，一号桌上的两名成员，各自移到二号桌和三号桌，另外两名成员留在原桌，负责和新到的其他桌的伙伴分享他们上一轮汇谈的要点。新来伙伴的任务是帮忙拓展这些观点，并提供更多有创造力的观点。到了第三轮汇谈，大家都各自回到原来的那一桌，再次分享他们的观点，这些观点通过刚才移桌参观学习变得更丰满，并思考他们的观点与其他桌观点间的联系。

像异花授粉一样进行观点的交流

思想的碰撞

如果是在同一主题下进行多个子主题的讨论，世界咖啡还可以采用另一种常见的变化模式。在这种情况下，每桌会各自负责一个独立但相关的问题。例如，弗娜·阿利为澳大利亚某计算机公司主持的战略性世界咖啡上，要讨论六个重要的战略性问题。她将会场分为六个区域，每个区域的几组伙伴负责讨论一个问题。每桌主持人必须一直留在原桌担任“问题管家”，其他人则不停地到不同区域的其他桌，了解该桌讨论的问题，聆听他人的观点并对感兴趣的问题分享自己的想法。然后再回到原来的桌旁，分享他们从其他桌学习了解到的观点与他们最初讨论问题的关联。最后由所有桌的主持人把各桌的集体观点分享给大家，并找出与整体战略相关的内容。

这种模式还可应用于人们根据探讨的主题自发得出的想讨论的问题。第一轮，每桌提出自己的核心问题并贴在桌上。在接下来的几轮汇谈中，“问题管家”都待在原桌不走动，其他成员则换到别桌探讨其他桌所提出的问题。这些“问题管家”不再是传统意义上的引导大家讨论的人员，他们仅仅是主持人，负责欢迎新来的伙伴，并和他们分享问题讨论的进展，这样，所有的人都能继续就该问题贡献自己的观点。

新加坡的世界咖啡主持人马林巴·贾姆，曾经创造性地在各种场景下做实验，来研究教师以及其他人来回走动、相互聆听并分享各自观点的方法。她说：“你可能以为位置换来换去，还要连接各种不同意见，大家的头可能都晕了。其实不然。当人们更换位置，从一个桌移动到另一个桌分享那些打动他们的观点时，具有实践意义的公共主题或者关键的见解自然就会浮现。”

麻省理工学院的彼得·圣吉补充说，他相信在世界咖啡汇谈中，这种经由来回走动、相互聆听并分享各自观点（异花授粉似的意见交流），有助于新想法和共性的出现。“这种共性并不属于同质的共性，事实上正好相反，这种共性来自对越来越多的多元观点包容内化，然后就会发现这些多元观点间越来越多的连接形成的网络。”

有时候，是观点而并非人在移动。例如，在诺埃提克科学研究所的某场会议上，由于会场过于拥挤，根本放不下世界咖啡的讨论桌，也没办法让参与者在各组之间变换位置，只能拥挤地坐在固定的椅子上。在这种情况下，就发给每位参与者一张小卡片，他们可以把第一轮汇谈中认为重要的观点或主要的见解写在上面，然后他们站起来转过身与他相邻的一组交换观点卡片。之后，每个小组就把从别的组收集到的卡片内容读出来，通过卡片上的新视角继续和大家汇谈。参与者也可以利用卡片或者大的便笺纸，把该组的核心问题或者主要见解综合整理出来，然后传递给其他桌或讨论群组，让汇谈持续进行。

世界各地的世界咖啡主持人不断实验各种新方法，我们才能不断发掘出这么多新方式来连接各种不同观点。这些例子不胜枚举。关于“丹麦未来宪法”的一次世界咖啡汇谈是在湖中的一个独木舟中举行的。还有一场学习之旅，是以探索墨西哥的社会发展为主题，参与者定期到休息站换乘其他车辆，然后继续在旅途中分享彼此的看法。一位非常有创意的主持人曾在大自然中举办世界咖啡汇谈，他把一颗颗巨大的红杉当成大自然里的“咖啡桌”，请参与者在这些“桌次”之间更换座位。另一位主持人则利用不同颜色的马克杯，引导同属一个业务单元但分属不同职能领域的人员参与讨论。这些彩色马克杯的功能是要让各桌成员呈现出最佳程度的混合比例，以利于创意的交流，同时也有助于来自不同职能领域的参与者，可以在咖啡汇谈的行动计划阶段轻易找到彼此。我们在世界咖啡的网站上定期介绍类似的例子，也欢迎大家来与我们分享你的经历。

问题的反思

1．花点时间想想上次用多样化的观点阐明一个极富挑战性的情景时，是什么样的条件让这些多样化的观点发挥作用的?

2．试想即将有一场会议要讨论你关注的问题，哪些多样化的观点和声音能有助于对此问题开展更有创造性的讨论？你要用什么方法来让这些观点呈现在会议上?

3．为了获得更多的集体见解，会议上你会采取哪些多样化的方式，鼓励大家来回走动、相互聆听并分享各自的观点?

第 8 章

原则六　共同聆听其中的模式、见解及更深层的问题

我们以前就会聆听，并通过这种聆听，发展出一种属于自己的动能，最后形成……一种我前所未见的、强大的团队精神和团队凝聚力。然而它是一场“与众人之舞”，一群人发现一个真实的东西，这将我们之间的诸多差别融合成一个有意义的整体。

——丹娜·左哈尔和伊恩·马歇尔，《量子社会》

The World Café

如果一起聆听能体现更深层次的智慧，那会怎样?

案例故事

桌子中央有什么玄机？北欧的可持续发展论坛

克里斯蒂娜·卡尔马克 口述

> 克里斯蒂娜·卡尔马克，是瑞典Telia电信公司环境事务部前任副总裁，现任合并后的瑞典芬兰TeliaSonorap电信公司市场总监。本文是一篇各方利益相关者参与世界咖啡的故事，主题是信息传播产业在创造可持续未来方面的角色。汇谈中，他们利用一些新的方法，培养人们共同聆听的能力。

以前我在斯堪的纳维亚规模最大的电信公司担任环境事务部副总裁时，曾有机会去研究信息技术和通信部门在开创一个可持续未来中的作用。当时我那个职务是新增的，我也很乐意接受这个挑战，因为我向来对环保和可持续发展等问题都很感兴趣。

信息通信业在日常生活中发挥着举足轻重的作用。例如，电视电话会议和其他虚拟会议工具，可以让人们不必长途奔波，不必浪费那些无法再生的能源，即可进行远距离的合作共事。我相信如果我们能让国际社会中主要利益相关者公开对话，一定可以更好地发挥这个领域的优势，从而减少环境污染。因此我决定针对这个主题，用世界咖啡的方式，发起一次战略性汇谈。

第一个阶段，我们把全球对信息通信业和可持续发展未来感兴趣的思想领袖们聚集在一起。我们邀请了一些创新思想家、环保主义者、科学家、学术研究者、未来主义者、信息通信业专家、年轻人、政治家以及企业代表共襄盛举。在这场我们称为“焦点搜寻世界咖啡”的对话中，参与者的任务是帮忙找出一些可供主要利益相关者在未来4～8 年探询的关键领域。这场世界咖啡中，思想家们达成共识：关键是要先弄明白信息通信业对于交通运输业的可持续未来，会有怎样的促进或阻碍作用。例如，货运公司若能在订单系统和调配系统电脑化上进行投资，就可以节省可观的运费支出。

接下来，再交给一个由内部和外部成员共同组成的研究小组，以五个月时间为限，针对信息通信和交通运输等相关的关键问题展开探索。他们将这份总结报告称为“世界洞察者报告”，并在报告上提出下一个阶段汇谈中需要讨论的主要困难和决策。我们将第二个阶段称为圆桌汇谈，并决定采用世界咖啡的形式。

我们此次的圆桌世界咖啡冒有巨大的风险，而且我们根本不知道会发生什么。我们邀请了一些来自各个重要部门极具影响力的人士，而这些人的观点彼此有很大分歧，包括 DHL、UPS 和瑞典铁路局等主要交通运输公司的高层领导、需要这些运输公司服务的公司总裁、进行交通运输技术开发的重要信息通信公司主要负责人、一名欧洲国会议员、一位“绿色和平组织”的主要领导以及瑞典某大城市的交通局局长。

你可以想象得到，这群人很少会坐下来一起讨论问题。就算有，很可能是在进行一场激烈的谈判，而不是在咖啡馆里的聊天。这些高端人士习惯于非常正式的会议，通常是围坐在一张大会议桌旁，有清晰的议事日程和严密的安排，以确保会议过程不会出现任何差错。

身为主办人，我有点担心，不知道他们来到会场时会有何反应。我们得让他们心甘情愿地去聆听彼此的观点而不是固执己见，世界咖啡环境能营造一种有利的氛围。当他们走进会场时，有些人的确对现场的温馨氛围和布置好的一张张小桌子感到吃惊，但他们还是找位置坐下来并参与进来，似乎对接下来会发生什么事感到无比好奇。

接下来是我们的第二创举。会议刚做完开场白，我们就找来一位新婚的 20 多岁的年轻女士，和大家分享她的观点。她谈到她想要有孩子。她说她希望有能力改变我们未来前进方向的在座各位，能一起找出一些办法，这不仅可以帮助现在的我们，也可以帮助我们的下一代，包括他们的孩子、孙子。当她说完自己的故事后，会场弥漫着一股浓浓的沉思气息。

然后，我们又做了一个更大胆的事，但效果好得出奇。我们没有说明汇谈的方法，只是介绍了“谈话石”，作为鼓励大家更好地聆听他人观点和避免争论以及相互防御的一种方式。我们拿出一些有几千年历史的美丽的鹅卵石，它们是从离斯德哥尔摩郊区不远的岛屿海滩上捡来的，它们象征着我们的大地，也象征着自然界的历史。我们在每张桌子中间放了一块石头，还有一些插着鲜花的花瓶和五颜六色的彩笔。

然后，我们告诉大家这些谈话石背后的基本构想。我们提到，通常在这样的会议上，讨论进展得非常快，以至于大家很难认真聆听别人的谈话，因为他们也想确保自己的观点被听到，尤其当参与者来自不同领域时，情况更是如此。所以我们要请大家用谈话石来实验一下，把它当成一种可以帮忙我们共同聆听的实用工具，看看桌子中间的问题到底揭示了什么。只有拿到石头的人才可以说话。只要他或她手上握有石头，其他人就只有聆听的份儿，绝对不可以中途打断。这样可以允许拿着石头的人能停下来喘口气，想清楚自己真正想说什么，而不是喋喋不休，生怕别人打断自己的话。

我们也请大家试着想象，请求自己内心中的那名评判官退居一旁休息，只要一会儿工夫就好，别再自行评判别人说得对还是不对。在这个阶段，我们的目标只是共同聆听，看看别人对这个主题有何看法，他们的观点能带来什么贡献。我们也很鼓励大家从自己的观点来发声，你的声音代表你自己，不必强逼自己戴上组织的帽子——这一点也和一般传统会议大相径庭。此外，我们也请参与者先不要提出任何解决方案，因为这个阶段的目的，只是要找出更深层的主题和问题，而非最后的答案。

在经过简短说明之后，参与者开始进行世界咖啡第一轮汇谈。每位参与者拿着谈话石，针对"世界洞察者报告"，发表自己的见解、想法，以及引发出的更深层的问题，一组中在座的其他三位成员，只能专心聆听，而且是用很特别的方法聆听。我们要求他们记录谈话者的想法，然后把他们能想到的有趣联想，直接画在桌布中央。等到桌子上每个人都发表过一次观点或想法后，石头又放回桌子中央。之后，任何人都可以拿起石头，补充他们对其他人发言的评论和想法。

“谈话石”的使用具有重大意义，当然仍然有些人还是有些冲动，想直接提出他们自认为的解决办法，这也是在所难免的。但我们发现，其实大家对谈论的话题感兴趣时，已经知道如何认真聆听。我们只是帮忙减缓步调，让他们把注意力放在聆听的内容上。他们不再持对立的立场，反而比邻而坐，全都朝一个方向注视与聆听——桌子的中央。

世界咖啡的第二轮汇谈中，我们又添加了一点新玩意儿。我们让大家作为一个团队来共同聆听，听出这些不同观点的背后，还潜藏着什么更深层的假设与意义模式，并且写在桌布上。大家还是要遵守“谈话石”纪律。我们也鼓励他们互相提出质疑，好协助彼此厘清那些相同或不同的猜想和思维定式。

我们再次更换座位，开始第三轮的世界咖啡汇谈，并继续探求每张桌子中间的问题到底揭示了什么。到了这个阶段，大家已经非常投入了。每次我们请他们一起聆听，找出更深层的共识时，他们就会马上照做，他们看起来似乎对每个人的观点和问题都更加感兴趣。这让我觉得非常惊讶。

等到第三轮汇谈结束后，我们开始进行全体汇谈，汇总他们的集体智慧。我们找来一位专业的绘图专家，让他在墙上的大张壁报纸上绘出所有人的思考内容，就好像在全体人员面前铺上一张大桌布一样。于是我们从壁报纸上看见各种主题、假设、观点之间的联系以及一些令人茅塞顿开的想法。那天下午，会场上弥漫着一股特殊能量，这与每个人刚进来时带着的思维定式迥然不同。参与者在这个阶段显得十分兴奋，因为他们共同发现了某种东西，这种东西在刚开始汇谈时是不存在的，也或许一开始就存在，只不过以前没有以共同的方式来发现它。

最后当众人在发表结束感言时，有人说这是他们生平第一次有机会，和可能的竞争对手或甚至是敌人的人坐在一起交流，深入了解彼此的想法与观念。他们发现其实他们之间的共通之处比原先以为的还要多，而且他们意识到，没有任何一个人有能力强迫别人接受自己的观点。

我相信以这种方式举办战略性汇谈，可以更容易协调彼此的行动，但这和我们平常想到的办法不太一样，这里没有投票表决一长串的行动步骤。其实很多时候，就算列了长串的行动步骤，也不见得会有什么成果。相反，通过这种特殊的世界咖啡的方式汇谈和聆听，人们会比较有兴趣从新的角度去审视自己的处境，并促成一些积极的事情发生，这很大程度上得益于他们彼此之间建立的新的人际关系。有着不同视角不同经历的人们开始考虑彼此人性的共通之处，不管最终决定是什么，这都是一个很棒的结果。

视角与观察

在西班牙语中，有一个词我很喜欢：El meollo。El meollo 的含义是一件事物的基本性质或本质，它的另一个意思为理解。作为世界咖啡的主持人，我们在寻觅着获得人类发现 El meollo 能力的方式——不是在独自求索，而是通过编织连接汇谈中各种含义的网络，即使有数十上百人。无论是在单个咖啡桌边还是在桌与桌之间的讨论，共同聆听其中的模式、见解和深层的问题，培养了我们感知事物核心的集体领悟能力。

聆听的对象、聆听的方式、聆听的内容

直指事物本质

第一次带我们见识这种合作性聆听技巧的人，是世界咖啡领域有元老、心灵导师、“灵魂卫士”之称的安妮·多施尔，而这种聆听方式也俨然成为世界咖啡汇谈的特征之一。安妮曾经是加州职业心理学院教授和信托委员会成员，她毕生都在思考我们可以用什么方法找出创新的对策，以解决社群和其他团体所遇到的难题。

在世界咖啡的早期汇谈中，有一次安妮向我们谈到了“注意力聚焦”的重要性——这是一种个人和集体都需具备的聆听能力，这种聆听使得汇谈过程能够引出新的意义模式和各种创新的可能。安妮这种见解源于已故神学家兼作家内尔·莫顿的见解，莫顿提出这种全心聆听别人谈话是一种特殊技能，就像一种创意能量，可以激发原本不存在的观点，直到这些观点化为语言被听到。

但“注意力聚焦”并不仅仅如此。从集体层面来说，它除了聆听他人的谈话，也要我们互相聆听，找出彼此之间的连接和意义的模式，以及不同视角之间呈现的新观点和深层次的问题。事实上，英文单词“intelligence”（智慧）源于拉丁语“inter”和“legere”，意为“在……之间获得理解”，这也是我们在世界咖啡情境下所说的“场中魔法”的真正意思。“注意力聚焦”是一种更完整的聆听模式，关注于流动在我们之间的集体智慧或深层意义。它强调的是汇谈当中或汇谈之间相关意思的聚合，即以一种不同的方式聚焦群体的注意力。

汉斯·奎恩迪提到自己的第一次世界咖啡汇谈，试图准确表达这种聆听形式给人的感受：“你正处于这轮激动人心的汇谈中，你正听到越来越多的思路源源而出，你一心渴望持续下去，但每个人也都同时在聆听与思考，帮忙发掘谈话中的模式，这就是汇谈当时创造的能量的一部分。”在某战略性汇谈的研讨会中，另一名世界咖啡参与者也生动描述了这种共同聆听在个人与群体之间造成的互动：“这不是共同的思考或者群体思考，也不是在进行观点的浓缩，而是在集体思想连接的情境下，个人与集体的共同学习。”

共同聆听

与更大的整体连接

大部分人第一次参与汇谈时，最令他们两难的处境之一是：他们很难完全摒除原有的看法和个人立场。但是，我们发现在世界咖啡汇谈中，当我们要求会场中的每个人都得担任“意义大使”时——共同聆听，并将听到的重要观点或灵机一现的见解带入下一轮汇谈中，意想不到的事往往会发生。当人们共同聆听并为不同视角的观点建立创造性的连接时，对立的立场似乎消失不见了。这时候，往往也是世界咖啡汇谈中“魔法”出现的时候。

当人们共同聆听并为不同视角的观点建立创造性的连接时，对立的立场似乎消失不见了。

这是怎么实现的呢？网站设计师艾米·雷佐曾参加过一场多达数百人与会的大型世界咖啡，当时大伙儿也是共同聆听他们心中更深层的问题，艾米分享了她所体会的一副图景：“感觉很像大家正在一起制作和雕琢一只美丽的陶器。这只陶器不是由个人的问题塑造，而是群体思考的问题，在每人的谈话过程中被精雕细琢。它的主体形状被每个人的话语抚平、雕琢，然后变得越来越清晰。本质核心的东西被挖掘出来。”

这种注意力的聚集不仅可以彰显整体的精髓，而且可以揭示出更加广泛的内容，就像英属哥伦比亚的法律系学生克罗蒂亚·切德所言：“世界咖啡有一种很难说得清的特质，“就好像你突然看见一片大好风景，你站在山顶上，脚下的视野非常辽阔。你虽然不可能逐一到访这片风景的每一处角落，但你感受得到它的整体壮阔之美，并懂得欣赏它。”身为世界咖啡的主持人，我们会继续寻找新的方法帮助参与者培养整体鉴赏力。而我们发现使用视觉语言，或许是关键方法之一。

视觉语言、视觉聆听

在第4章“营造宜人好客的环境空间”的阐述中，我谈到当我们第一次听到米歇尔·施拉格的心得时，心情有多么兴奋。施拉格是麻省理工学院媒体实验室的一名访问学者，他正在研究“非正式的轻松的环境对于合作性学习的重要性”。但除此之外，施拉格也提到共同的视觉空间——从餐厅的餐巾纸、电脑白板以及其他视觉性会议辅助工具，也都是有利于合作和共同创造的关键性因素。根据施拉格的说法，真正可行的合作之所以能让“人们脑海里不断反射出各种影像、图形和认知，绝对是依靠某种形式。这种形式可让别人勾勒或改变影像、图形和认知，甚至为其补充价值……*你必须有共同的空间才能创造出共识*（斜体字摘自原文1990年，第99页）”。

施拉格谈及的共同空间形象，作为一种“合作者的概念和技术平台”，也证实了世界咖啡主持人在世界咖啡式汇谈中所看到的景象（1990年，第156页）。在咖啡桌桌布上写写、画画、涂鸦，似乎是施拉格提到的创造共同空间形象最富创意的一种行为。在共同聆听后，把由咖啡桌桌布上视觉呈现而联想到的观点联系起来，这个简单的过程会不会就是世界咖啡式汇谈中大规模合作性学习的关键因素呢？

我很好奇，希望知道得更多，于是邀请了珍妮佛·哈蒙德·朗道和苏珊·凯莉，两位曾参加过上百次世界咖啡图像记录的先驱，来分享经验，说明共同空间、视觉语言以及团体聆听集体见解的能力这三者之间的关系。以下的对话就是我们集思广益的结果。

朱安妮塔：我想我们来探讨一下共同聆听、合作学习和创新发生之所在，人们会在这里用新的方式看事情，彼此之间的连接和知识的基础不断扩大。

珍妮佛：我想到一件事情！有一点很重要，若想认真聆听找出其中的连接，绝对不可以先入为主地事先认定自己已经知道是什么。两者之间有明显的界线。你可以为找到连接而听，并且可以通过各种方式来捕捉观点，也许是餐巾纸上、咖啡桌布上、像广告招牌一样大的墙面上，或者通过各种电子装置。但重要的是，你们都在看同样的东西并在做连接。

朱安妮塔：有什么方法，可以在一开始就帮忙促使参与者一起聆听呢？

苏珊：色彩很有帮助。事实上，色彩可以让人们更贴近真实的世界。黑白是抽象的、线条是抽象的，但这个世界是彩色的，而且它不是线性的。换言之，在咖啡桌中央放进色彩，不管是鲜花还是彩笔，都可以帮助我们更贴近真实的世界。色彩让我们有更宽广的表达空间。

珍妮佛：我的经验是，如果在桌子中央放几支彩笔，便等于给了参与者一个“视觉声音”，尤其对团体里较沉默寡言的人。彩笔是一个强有力的提示：“只要我写在桌布上，我的声音就可以被看见和听见。”人类习惯靠符号和图形来思考，所以如果能看到你自己和别人的涂鸦，就可以帮助你想出一些你不曾察觉的想法。这或许可以称作

“视觉聆听”。

朱安妮塔：也许场中魔法最有趣的地方之一，就是大家都在逐字“记录”自己的声音，记录的方式可以是桌布上涂鸦、写字或放在桌布上的图片等。

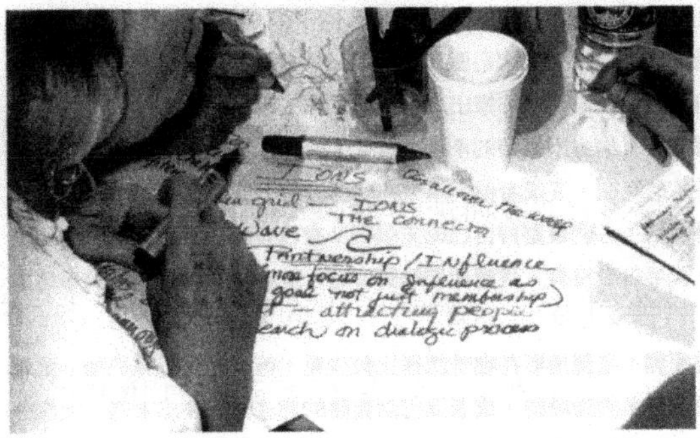

让对话看得见

苏珊：这和咖啡桌上的人数有直接关系。一旦桌上人数超过四人或五人，就没那么容易把各种观点直接写在中央了。你可能只在自己的角落里涂鸦，而没有办法和别人共同聆听和讨论桌子中间展示的观点。

朱安妮塔：先让我们想象一下，人们已经在各自的咖啡桌上做了种种聆听和意见连接。有三位新伙伴刚刚坐到我的桌子旁边，桌布中央有图表、一些关键字，以及某个人画的加粗的彩色图画。担任主持人的我，正在和他们分享上一轮讨论的心得以及桌布上图画的意义。然后呢?

苏珊：加入你这桌的人，一定都会说：“太神奇了，因为我们在那一桌的时候也谈到类似的东西，还有那一桌……和那一桌，都有谈到。”

珍妮佛：我很喜欢听到有人这么说。

苏珊：这些汇谈似乎正在进行一种建构，因为所有桌都在同时间内，针对同一个谜团进行分工解题的工作。就在那个当下，你开始感觉得到你是那个整体的一分子。你看到它的发生、发展，你看到你们在同一个主题下，如何互相聆听不同的观点，一步步深入其中。

珍妮佛：这就好像同心圆从中间开始扩散，但奇怪的是，它也同时变得更集中。人们开始确定它的模式和主题。

苏珊：人们会因事情渐趋明朗化而兴奋起来，尤其如果他们真的很在意那个问题，又或者他们以某种方式相互依赖时。

朱安妮塔：人们会坚持表达出自己的观点吗？有没有可能当他们认为拿不出什么贡献，或者觉得没有被听到时，就做起自己的事情来了？

珍妮佛：对比其他场景，这种情形在世界咖啡场景下比较少见。当通过壁画大小的桌布或其他方式，把整组所有伙伴的感觉反映出来的时候，大部人早就有过各种机会让别人听见他的声音，探索他的想法，甚至放进其他对话里。所以他们通常不会各做各的，这种情况很少见。

朱安妮塔：现在让我们想象，我们以市民大会的方式在主持全体对话。我们没有采用传统的报告形式，而是要求参与者把先前听到的各种想法和观点，做一个整场式的串联与连接。

珍妮佛：如果说整个团体会有什么创新之举，那肯定是在这时候出现。有时候，某张桌子上的图案或符号，会在这时候忽然跳出来，让所有的事情豁然开朗。

苏珊：然后整个团体会接受并感谢这个集体见解。

朱安妮塔：这是一个绝妙的发现。也许通过把这些凌乱的东西集中起来——来自桌布上各种图形、符号和共同空间等各种视觉语言——人们就会开始觉察到什么才是最重要的。重要的不只是知识内容而已，而是齐心协力，共同找出这个社群真正在意的核心所在。

珍妮佛：神奇之处就在于，我们体会到自己和别人的人性所在，而不管它的内容是什么。对我而言，世界咖啡的真谛就在于此，而这也是共同空间和共同聆听让我们发现的。

正在进行绘图记录

反思：另一种聆听

反思是世界咖啡汇谈的核心练习。注意力聚焦和对事情关键部分的集体反思（ello meollo），可以使整个团体开始聆听集体智慧，从而领会其中的模式、主题及更深层的问题。在动态参与和相互反思之间，找到一个最好的平衡点，这是作为世界咖啡主持人的我们很重要的学习课题之一。当参与者在各桌之间移动位置时，情绪会越来越亢奋，这时若不提醒人们放慢脚步，适度进行反思，很容易就会失去汇谈的深度。

作为主持人，你可以在汇谈中鼓励参与者进行反思性聆听，对观点做更加深刻的思考。譬如，你可以拿出一个代表谈话的小玩意儿，就像克里斯蒂娜·卡尔马克在开篇故事中为参与者介绍的那种谈话石。除此之外，许多主持人也会利用音乐伴奏，或者和主题有关的美妙诗词，再配合现场个人的记录，为会场营造出一种反思的气氛。新加坡的萨曼塔指出："音乐和诗词的运用能产生奇特的力量，可以改变人的心境，为真正的反思开启一方空间。"你可以利用这些方法，也可以只要求参与者腾出片刻时间，在卡片上静静写下汇谈中有启发的东西，这些都能作为我们在学习、见解及更深层的问题上集体反思的铺垫，也可以是汇谈结束前或者全场分享前的很好的铺垫。

沉默的涟漪

你可能发现，光是"鼓励大家花一点时间沉默反思"这样一个简单动作，即便没有音乐或任何介绍，也能产生超乎大家想象的见解。沉默是一种容易使用却很少有机会被使用的方法，沉默能帮助我们去聆听和取得潜藏于我们思考表层之下的深层智慧。我经常把沉默视作接近团队智慧之井的一种方式。沉默就像一个滑轮，也有点像水井上的那条吊绳，可能让成员从相互探索和经验分享的深井里，提炼出更深层的智慧。来自澳大利亚的珍妮·唐在是一场系统思考会议上首度体验世界咖啡，她发现偶尔给点沉默反思的时间，“可以让某些迥然不同的事情戏剧化地发生。沉默会让我们有足够的空间来理解当下发生的事情，而不是放任它从桌子旁的对话中立即消失”。

作为主持人，你只需请成员们静默几分钟，仔细想想或写下他们从汇谈中所获取的重要见解、主要观念或发现的东西，就可以引发出更深层次的见解。其他反思性提问还包括：

- 这次汇谈，你最欣赏的是什么？
- 对于你所听到的东西，哪些是真正有意义的？什么让你感到吃惊？什么对你有挑战性？
- 到目前为止，整个汇谈全貌里还缺少了什么？有什么东西是我们还没提及的？我们还需要阐明什么？
- 为了达到更深层次的理解，我们必须去探索而尚未探索的事情是什么？

另外，还有一些有助集中集体注意力、挖掘深层见解和创造前进动力的反思性提问，全囊括在第 10 章“世界咖啡流程指南：主持的艺术”里。如果你是在大自然的环境下主持汇谈，可以鼓励参与者在深入讨论之前，单独花些时间到外面去反思一下刚才的汇谈中出现过什么。

我们发现，即便在汇谈中一起思考，也得留下足够空间，以便听见集体智慧发出的美妙旋律。作为主持人，你要允许自己实践各种方法去创造反思的空间，以便参与者可以单独或集体聆听，从而获取各种表象下的深层意义。我们鲜少有机会给自己一个反思的时间，因为组织和社群的生活是如此紧张忙碌。但世界咖啡和其他汇谈主持人逐渐发现，要从有效的措施中找出令人称赞的策略性见解，一定得要提供反思的时间。

问题的反思

1．回想一下你感觉自己专心聆听也被听到的时刻，当时是什么样的情况使其发生的？

2．试想一场即将由你主持的汇谈。你可能用什么方法让参与者不仅互相聆听，而且互相聆听出其中的模式、见解或更深层的问题？

3．你会在一场即将来临的重要汇谈中，提出什么样的反思性问题，以利于大家相互更深层地探索？你可能在什么时候、用什么方法来提出这些问题？

4．视觉聆听方法（包括图像记录、用图画来呈现共同的想法或其他视觉性表现手法）可以从哪些方面改善你即将主持的那场汇谈的品质？

第 9 章

原则七　收获和分享集体智慧

培养共同智慧还有另一个方面——我称为“集体思想过滤器”的创造。我们该如何帮助人们共同觉察出整体呢？收获和分享关键观点与重要见解就像撑起帐篷支柱，唯有一个不少地撑起所有支柱，圈的范围才能显现出来，汇谈的含义就会整体浮现。

——芬·沃多夫，BDO ScanFutura

The World Café

如果集体智慧的收获提供了进一步探索及行动的养分呢?

案例故事1

改革的播种与收获：得克萨斯州立圣安东尼奥分校EMBA项目

罗伯特·朗格尔　口述

> 罗伯特·朗格尔博士是得克萨斯州立圣安东尼奥分校（UTSA）商学院经理人在职教育的副所长，兼任职业教育中心主任，通过该中心，他率先向一些组织领导介绍战略性对话和世界咖啡，作为他们培养创造力、整合力和策略性革新的方法之一。本故事介绍的是某EMBA班最近做的一个项目，它证明你可以从世界咖啡中收获到各种见解并以此作为未来世界咖啡的种子，展开更多探索，打破组织壁垒，从而开启文化变革。

在知识经济时代，有能力展开建设性对话是领导者必需的一项基本技能。也正因为如此，UTSA的EMBA课程特意设立了“培养主持战略性汇谈的能力”的课程，这些战略性汇谈就是针对领导者关注的重要事项，加速深层次的学习，推进行动。我们先学习世界咖啡汇谈的基本结构和原则，以及其他的一些汇谈方法，还有“欣赏式探询”和“战略未来探索”。然而，要真正了解它们在开创变革和推动学习上的威力，就必须进行实践。我乐于在此分享的一个故事，是UTSA的一个EMBA班级的实践案例，关于如何与学生事务机构合作。

UTSA是美国境内成长最快的大学之一。我在20年的任教生涯中，亲眼目睹这所学生的总人数从5 000多人增长到25 000多人。与此同时，我们也从最开始的本科院校逐步转变成一家提供全方位服务的学术研究机构，提供多元化的研究项目。在罗塞琳·安布罗希诺博士的激励与领导下，我们的学生事务机构在处理与学生人数激增和学术使命改革相关的各种学生服务事务方面，有了显著进步。

我们的 EMBA 班为了协助安布罗希诺博士及其机构为本科生和研究生提供服务，自愿接受挑战，为机构中各部门的 400 名员工设计和主持了一系列战略性汇谈。学生事务机构共有六个部门，因此 EMBA 班被分成六个世界咖啡研究小组，一个研究小组对应一个部门。各组最初始的任务称为“温度检测”，在各自研究的部门中调查询问如下问题：“本机构现阶段情况如何？发生了哪些重要事情？挑战是什么？值得忧虑的是什么？核心问题又是什么？”

研究小组可以充分运用世界咖啡的各种方法。我们希望给他们足够的自由空间，这样一来他们可以有自己的想法并且可以把世界咖啡的这些方法进行比较，讨论学习心得。在此我和大家分享其中的一个例子，看看该小组是如何利用创新的手法来收获和分享他们在世界咖啡汇谈中的发现的。

这个小组想了解指定部门的“汇谈现状”。每个人自我介绍后，大型汇谈开始，学生事务机构的人员便入座参加他们的世界咖啡式汇谈。

UTSA 的巨大粘贴墙

研究小组发给每桌参与者四叠不同颜色的便笺纸，请他们先拿出黄色便笺纸，写下人们在自己部门会议上曾说过的一句话或者一个短语，一张便笺纸上只写一条，再以不记名的方式全数收起来。然后他们又要求参与者拿出蓝色便笺纸，写下人们会议结束后在休息室或和朋友用餐时所说的话。也同样以不记名的方式收齐蓝色便笺纸。然后再要求参与者在粉红色便笺纸上写出他们认为学校中其他人对学生事务机构有什么看法。最后再用绿色便笺纸上写下这个问题的答案："有什么话是你想说但没说出口的？"

研究小组用这些便笺纸制作出一幅巨大的粘贴墙，上面贴满来自各桌的彩色便笺纸，有黄色、绿色、粉红色和蓝色。这个方法能收获整体小组的集体思维，以一种可见的方式呈现所有参与者的意见，好让大家寻找彼此观点之间的连接。他们请参与者走到粘贴墙，浏览大家的整体观点，注意观察是否有相同的主题和独特的见解。

然后，学生事务机构的人员继续展开第二轮汇谈，这次思考的问题是：“我们应该问大家什么问题，才算是真正了解墙上的内容都说了机构的哪些方面？”看到之前所有被收集并整理在墙上的想法，各个成员可以识别出和他们处理学生事务中情况最相关的问题。对参与者来说，思考他们自己的问题，而不是答案，是一个很发人深省的经历。这些问题同时引发他们对目前现状的深思，这个经历也非常有趣。

当所有六个 EMBA 小组为学生事务机构的各部门完成了“温度检测世界咖啡”后，大家一起回来。每个小组都分享他们世界咖啡的设计，所收获的见解与问题，对各部门的综合发现，以及对这次经历的反思。为了把所有这些内容整合在一起，我们举办了一场相当长时间的“整合世界咖啡”，并找来一位视觉记录师整理记录各组的学习心得。在这场整合世界咖啡汇谈中，大家经过深思熟虑发现，接下来他们需要的不是来自各部门的分散资讯，而是促使各部门相互合作，以便看出整体全貌，研究更大范围的问题。

因此到了第二学期，我们引进了未来探索会议的概念。未来探索是一种结构化的分步骤的研究方法，它把一个系统中各个利益相关者聚在一起，分享他们的过去与现在，搜寻他们之间的共同基础，找出创新的战略策略，并为了共同的未来建立相互的承诺。我们获准花两天时间和 60 位学生事务机构的员工开会，这 60 位员工事先经过慎重筛选，并能代表每个部门的声音。我们的目标是要展开一场全组织的汇谈，而不仅仅是某部门的汇谈。未来探索会议让机构有了全体交谈的机会，并在墙上用绘图和张贴便笺纸的方式，具体呈现整个组织的对话内容，我们可以从中收获很多东西并应用于下一环节。

我认为只要人们可以从图里面看出彼此的共同点，他们就会开始把这些共同点相互连接。未来探索会议所呈现的东西表明，作为一个整体，他们有助于学生事务机构在将来如何达成共识。可以说，他们发现了他们的“共识”。这些学生事务机构的员工总共提出六项他们愿意共同采取行动的重点工作。我们决定在接下来的“行动世界咖啡”汇谈中，针对其中四项优先重点工作展开后续行动的讨论。“行动世界咖啡”汇谈将在学生事务机构所有员工中邀请参与者，不会只局限于曾参加这两天未来探索会议的人。

正如你所看到的，世界咖啡汇谈和未来探索会议是可以兼容的。因此我们的下一个步骤就是想办法让那些先前未参加过未来探索会议的人，能了解未来探索会议的各种见解，以便更好地融入接下来的“行动世界咖啡”汇谈中。幸运的是，为了迎接这次挑战，EMBA班分派他们当中最具有创造力和领悟力的班级成员组成一个特殊的小组，任务就是记录未来探索会议。这个小组认真提前规划好如何收集会议成果，这样能让不曾与会的人也能分享到会议的重要内容。除了图像记录，小组也为所有公开的汇谈进行录音和摄像，并记录了会议内容，以免出现任何遗漏。他们利用这些素材做出一套很有创意的DVD光盘，方便其他EMBA小组利用它来向学生事务机构所有员工对随后的两场活动做内容简介。每一次简介活动的结尾，我们都会张贴报名单，欢迎对学生事务感兴趣的伙伴来参加一场或多场“行动世界咖啡”汇谈。

为了举办“行动世界咖啡”，整个班级被分成四个小组，以便一对一地负责六项重点工作里选出的四项。我们希望这件工作是可持续的，因此每个小组都必须和学生事务机构的人紧密合作。这样一来，学生事务机构的人也能不断累积世界咖啡的设计与执行经验，等到我们的项目结束后，他们还是可以继续自行应用世界咖啡方法。项目结束时，我们把从一开始的“温度检测世界咖啡”一直到“行动世界咖啡”的书面报告，外加有视听记录内容的 DVD，以及过程中收集和整合的其他资料，一并交给学生事务机构的人。

我们发现尽管像桌布和图像墙这些原始信息，对于参加世界咖啡汇谈的参与者来说非常好用，却很少用在组织中其他方面的讨论会议中。这对于世界咖啡和其他类型的战略汇谈来说，是个真正的挑战。但是当这些成果被人很用心地汇编成一个完整的故事时，这个故事就会开始流传并吸引他人注意。例如，为学生事务机构录制的 DVD 故事，就在校园里广为流传，也激发其他团体想针对重大问题展开热烈的讨论。

我想说的是，通过我们的世界咖啡经历，我们学习到关于收获和分享集体发现的两个关键因素。第一，有意识地记录收集各种见解非常重要，如果你想把每位参与者的贡献当成集体智慧的一部分，慢慢整理出条理分明的全貌，这是必要的工作。不管你只是举办一场世界咖啡活动，还是把世界咖啡当成一系列活动中的一部分，就像我们和学生事务机构的合作方式一样，这个道理都是适用的。

第二，有效的战略性汇谈可推动学习向一个更广大的系统发展，这是一个播种、收获成果、提炼新种子并再次在新土壤中种植的循环过程。我相信领导者的作用是培育战略性汇谈的整个花园，并保证这种形式的种植和收获出现在他们部门或组织的所有地方。在职业教育中心里，我们发现世界咖啡汇谈提供了领导者可以运用的关键成分，用来加固土壤、分享思想食粮，找到共同的立场。

视角与观察

我曾在科罗拉多州丹佛市山上某处乡下小屋里，看到一个团体收获和分享他们的集体知识，那是我有生以来最激动人心的一次体验。当时我和某全球通信企业的高级技术研发团队在一起，他们花了三天的时间聚在这个偏远的地方来进行知识交流。目标是什么？其中的一位科学家这样描述："我们每个人都清楚自己知道什么，但我们也需要清楚地知道我们团队所拥有的知识，才能代表整个研发团队去服务系统里的所有客户。"

待在一起的这三天对我来说是个转折点，我学会了如何让更多的集体智慧逐渐呈现出来。前两天，我们做了多次世界咖啡汇谈，科学家们了解了客户需求，分享了他们正在进行的不同项目中运用的知识，并探讨了未来有效发挥他们集体专长的机遇。

最后一天，大家找来了一些梯子和脚手架，在墙上画出一幅巨大的矩阵图，最上面一排所有格子代表客户群体，纵列是他们正在研发的不同领域。接下来他们把画板那么大的表格贴在每一个矩阵格子里，表格上是对前两天世界咖啡式汇谈内容的总结。当他们忙着构建矩阵单元格、互相帮忙填补空白格时，我看到正逐渐浮现和形成新的连接，就好像看见一个有意识的、有生命的生物体在不断进化、成长。

当我亲眼见证了他们这样逐步将他们的集体知识显现出来的时候，我被深深地感动了。通过他们各自的阐述和多次世界咖啡式汇谈，这些科学家、工程师和光纤高手们终于在他们的共同专业领域上获得共识。他们在共享的可视化空间里，用文字建构和集体陈列来证明这种共识。当 60 位成员注视着墙上这完整的图像时，现场沉默良久。当他们看到共同创造的智慧和美好体验时，对彼此共同努力的由衷感谢不言而喻。

世界咖啡的变迁：记录和呈现集体知识

全球各地的世界咖啡主持人都在努力发掘创新方法，来展现他们从世界咖啡式汇谈中获得的学习心得。这些努力尝试，是建立在鲍勃·霍恩、迈克尔·施拉奇、戴维·希伯特等先驱者的开创性工作的基础之上的。这些先驱者认为口头对话稍纵即逝；缺乏语言或视觉记忆，汇谈中产生的创新观点、印象和见解，往往被扭曲或遗漏。因此，用既可以创造又能呈现参与者个人和集体见解的多种媒介来收获和分享发现，是共同思考和行动的重要部分之一，特别是针对大型群体。

就像罗伯特·朗格尔口述的故事，还有我和研发部科学家共处的亲身经历，根据你自己的目的和期待的成果，有许多种方法可用来收获和分享世界咖啡汇谈中的各种发现。芬·沃多夫及其丹麦的同事们利用不同的方法来收获和分享发现，非常有经验。他与我们分享了他尝试过的一些方法。以下是对他回顾总结的综合整理。

当然，我们尝试过很多办法。你可以展示桌布，邀请大家聚在一起来观看。如果来自不同桌的人能相互展示彼此的桌布，效果会更好。然后，团队就可以探索整个汇谈的核心。

如果有很多桌小组，我们也可以请每桌交出一张大卡片或大型便笺纸，上面写上代表他们汇谈中最核心的一个关键观点。如果参与者的人数不多，可以请各位参与者把他们认为重要的想法写在卡片上，然后再将这些卡片贴在墙上，或分门别类地张贴，再请他们一一浏览。有时候我们也会利用电脑做快速汇总，当场出一份快报，这样参与者便可以根据头版上的标题展开进一步对话或行动计划。我们甚至会用视频来创作参与者学习心得的故事。

有时候，我们也要求参与者自己找伴儿在会场里边走边聊，讨论当天的学习收获或哪些观点最能打动他们。然后再找另外两个人进来聊，串联彼此的观点，接下来再找四个如法炮制。每一次的连接都能使参与者获得一些更简短、更集中的深层主题。很快，就能对每个人听到的内容有个大概的认识，特别是当每个人都在认真聆听，试图找到更大组的集体智慧时。

另一个方法是将每张讨论咖啡桌都设置成一个展览台。你可以这样告诉大家："一个小时内，即将为展览准备开幕秀。我们会提供饮料，每个人都可以来展览馆，来看看每个咖啡桌或小组在汇谈中探询的内容，人们学习到的知识以及未来可能的行动步骤。"当他们完成各自的展示后，便可以顺便参观一下其他的展览。当然，他们可以添加自己的见解，对彼此的贡献发表真实的评论。这就好像大家在发展一幅有关整体的鲜活的图画。

你永远不可能完整获取世界咖啡汇谈中的全部内容，因为每个人都有自己的理解。然而，通过对被探讨问题的本质引入多方位的视角，小组成员才能作为一个整体，找到最重要的核心知识。

我们的同人肯·荷马正在全球致力于开发世界咖啡的社群，他分享了一个他发现的、能应用于更广泛领域的收获集体智慧的方法。在加利福尼亚大学圣·克鲁斯分校，他和校园监察员劳里·麦卡恩共同为 IT 服务处举办了一场世界咖啡，目的是要协调各方面的努力，加强旗下 24 个不同部门间的合作，使其成为一个有机的整体。他们在最后一轮的世界咖啡汇谈中，向参与者提出这样一个问题："你们每个人认为最重要的问题是什么？如果能就这个问题做深入探讨，你能推进项目进一步向前发展。"

肯回忆那天的情况："最后这道问题引发出许多有待探索的领域。为了将集体的智慧完整地呈现给大家，我们发给每位参与者四个圆形贴纸，其中一张上标有 X，另外三张都是空白的。要求是把带有 X

标记的圆形贴纸贴在他们认为在继续向前推进之前最需要探索的问题上，再把剩下的贴纸贴在次要问题上。最后形成一幅清楚的视觉地图，上面呈现出最需要大家重视的问题，以及他们按照紧迫性的排序。”

在沙特阿拉伯国家石油公司，丹·华特斯和公司的顾问们在关于未来发展的某个会议上，大玩艺术和符号游戏，他们鼓励参与者在咖啡桌布中央留一块椭圆形空白区域。会议结尾的时候，丹请每一个世界咖啡小组在这个椭圆形区域里画一个简单的图画，表达他们对未来的殷切期许。这些图画后来成了决定优先顺序和未来发展方向的重要参考资料。

在波兰，美国质量协会（ASQ）曾为联合国赞助的质量会议举办过一场世界咖啡活动。在联合国的会议中，礼仪形式和阶级问题往往影响参与者之间意见的自由分享。这次会议中，ASQ 的执行理事保罗·玻拉斯基特地利用袖珍键盘的投票方式，来收集会中的各种见解，并鼓励参与者做进一步的探索。“我们会在世界咖啡里提出一个问题，如‘你认为未来质量在波兰的前景如何’。就在大家展开世界咖啡汇谈时，我们会准备好一系列答案，如‘前景非常好’‘有风险’，诸如此类。然后，我们请他们根据自己在咖啡桌上获得的感悟回答那些问题，并向大家展示了不记名的投票结果。他们看到这么多不同的结果，立即在团体内展开热烈的对话与讨论。他们会提出问题，聆听别人的观点，通过观察他们的答案如何获得大多数人的认可而受到启发。”

不断找出创新性方法，去整合世界咖啡中的心得发现和见解，以帮助参与者注意个体与整体之间的深层联系，这是我们在工作中需要不断学习的。我们相信这对必须经常主持会议的人来说，都是一个有待深思的重点领域，无论他们是否以世界咖啡的形式主持。

案例故事2

部分与整体的结合：财务规划协会

金·波托 西恩·华特斯 口述

> 财务规划协会的金·波托和西恩·华特斯已经找到一种特别好用的方法，非常有利于个体和集体心得的收获与分享，它可以适用于各种不同的情况。

对于世界咖啡来说，一个更具挑战性的问题是对全体意见的整合以及汇谈结束后的后续谈话。当我们创造自己的“展览之旅”时，发现我们意外找到一个可以延续参与者参与热情和贡献的好方法。我们的做法就是：我们就某一特定的主题，展开三轮到四轮的世界咖啡汇谈。第一轮汇谈时，我们请每桌提出一个重要的问题，这个问题若能被解决，会对所考虑的问题有很大帮助。每桌把各自的重要问题写在一张对折的厚纸板上，这种“帐篷型的纸板”很容易被大家看到，这个问题也将成为这一桌后续第二、第三轮汇谈的核心问题。

每一桌都会固定一名主持人留在原桌不走动，以桌主持人的身份为该桌问题的讨论服务。第一轮汇谈结束时，其他三名参与者会换到别的桌，并且他们可以根据自己感兴趣的问题来选择桌次。在每一轮的汇谈里，参与者都要针对桌上的问题，将自己的见解或想法写在一张大的便笺纸上，然后带着这些便笺纸，继续参与其他轮的对话。

每桌的桌主持人持续在桌布上随手记录或绘制与该桌问题有关的见解想法。在第二轮和第三轮里，世界咖啡的总主持人会在会场里走动，记下各桌厚纸板上的问题。我们会为每个问题准备一页海报。如果有几桌的问题是一样的，我们就做成同一份海报。如果只是类似或者有关联，我们就把这些海报相邻张贴。由于会场上贴满了各种问题，每个人都可以通过这些问题看到呈现出来的整个探询模式的轮廓。

在最后一轮汇谈结束时，我们没有给参与者休息时间（因为这往往会分散团体的能量），而是给每个人 10 分钟时间，要他们把手上的贴纸贴在房间四周写着问题的海报旁。这使得每个人都有机会针对之前探索的问题，以及张贴在会场上的其他问题，补充自己的见解、观点、灵感和假设性看法。当看见彼此对问题的贡献时，大家都感到很兴奋，也因此开始形成另一轮的“小团体”对话——参与者三三两两聚在一起，讨论他们展览墙上看到的观点。

我们继续主持全体的汇谈，重点讨论几个关键看法或见解。直观地说，我们先从张贴的海报上最具人气的问题着手，或者是多个桌都在讨论的相似或相关的问题。我们继续请大家在问题中发现主题和模式，行动的新机遇或者需要进一步探讨的地方。有时为了确保所有声音都被听见，我们也会请参与者提出他们认为还没完全解决、想进一步探讨的问题。

我们认为这种整合全体意见的方法之所以如此具有吸引力和有用，原因之一就在于参与者对于自己想说什么，有绝对的自我控制权。他们不依靠各桌的主持人来总结他们说过的话，也不必靠会议记录者来捕捉他们的言辞。每个人都有机会也有责任分享对他或她来讲最有意义的见解，然后把这些补充到整体想法中自己认为最合适的地方。这个方法也能形成汇谈的具体记录，这些记录可应用于后续活动、行动计划、优先排序和其他任务中，以确保不会遗漏任何重点。

主持全体汇谈

世界咖啡汇谈的目的，是为了培养集体见解、分享见解和发现，这靠个人是无法做到的。但矛盾的是，你还必须通过个人的见解表达，才能显现出集体见解。那么参与者怎样才能不通过传统报告的方式来分享集体见解呢？因为传统的报告形式很难反映出小型团体汇谈的深度和热度。

在世界咖啡所有汇谈中的最后一轮汇谈是全体汇谈，这是收获并分享集体见解的关键时刻。设计和引导这种汇谈，需要有特殊的技巧和谨慎的态度。全体汇谈要让汇谈真实自然地进行，但同时要创造机会，激发出更大团体的集体见解。

我们发现，催化性问题的提出往往有助于大家专注整合全体意见。

全体汇谈的设计方式，取决于世界咖啡汇谈的目的，以及哪种分享方式对你收获预期成果最有用。我们发现，催化性问题的提出往往有助于大家专注整合全体意见。我们能在第10章中找到很多这类问题的例子。除此之外，为了协助大家进入集体思维的场域，也可以要求参与者把进行中的对话想象成一个线团，这个线团由一个人传给屋子里的另一个人，人们围绕着对话的核心，分享个人体会，让汇谈走向尾声。你可以请参与者仔细聆听彼此的想法。如果他们觉得这个想法和之前某人的想法有某些关联，请提出来分享。这样有助于将屋子里人们的想法汇聚成一个相互交织连接的网。当一个“线团”完成时，邀请其他人提供新的线索继续编织。

有些时候，你也可以一开始请大家先想想前几轮汇谈的核心重点是什么。也可以请他们把自己想象成一个共同思考的系统，在开始彼此分享见解和体会之前，先聆听一下深层的智慧。这两种简单的方法可以让大型团体的问题探讨更具连贯性。人们开始觉察出大型团体所展现的主题、模式和重要观念，但同时仍然可以畅所欲言地分享不同想法，这就很有可能擦出意想不到的思想火花。

随着参与者个人意见的呈现，找视觉记录师来帮忙，能获得更好的整体认知，效果更好。等到桌布展览之旅或对核心观点的其他不同呈现方式结束之后，视觉专家就会在大墙壁或者滚动的黑板上通过文字和图像记录大家的体会。这块“会场中间的桌布”可以使参与者看清全貌。这种视觉记录的方式，揭示了关键观点间如何连接，也使人们的思考更加系统化。

不管你有没有找图像专家，我们发现对于主持人来说，在开始全体汇谈之前，给大家几分钟时间安静反思、做笔记，非常重要。除此之外，也要请大家简明扼要地以个人立场说说，之前他们参与的这场汇谈的中心是什么。这种方式，瑞典世界咖啡主持人玻·盖伦帕姆称之为的“对个人意见的共识”的呈现，既揭示了汇谈网络里的核心层面，又不需要各方达成共识，这样就包容了以后进行优先排序和制订行动计划需要的多元化观点。此外，鼓励参与者贡献出个人的主要理解，这种做法能让“理性知识”和“感性体会”都揭示出来。这个简单的改变，回避了大型团体常用的传统团体报告或代表报告形式，这些传统形式往往很呆板无趣。

帮助传播见解

关于这个探讨，伊凡·巴斯蒂安提出一个重要而且深刻的问题：见解如何传播？玻·盖伦帕姆曾经别出心裁地提出一些有趣的方法，来帮助把见解传播给那些没参加过汇谈的人。他讲了一个关于瑞典某大型银行举办过的几次战略性汇谈的故事。该地区总监告诉地方经理们，他们会收到一些在世界咖啡汇谈中创作的彩色壁报的投影片。“结果发生了一些我们没有预料到的有趣事情，”玻说道，“地方经理们告诉我们，以前一般的战略性会议后，他们会收到一些事先准备好的有一条条要点记录的 PPT。他们被要求展示给员工们看，对于这些通常被看作强制性的展示，人们没有太多的参与热情。”玻微笑地补充道：“可这次当他们收到咖啡汇谈中集体智慧整理而成的彩色壁报投影片时，他们便再也不能像以前那样应付性地展示了。他们得从说故事开始！当经理们开始利用说故事的方式来分享汇谈上发生的事情时，员工们立即都兴致勃勃地讨论起来，讨论这些图像和关键字句的意义，以及它们对自己的工作会有什么影响。”

世界咖啡汇谈中记录各种重点问题、对话过程，以及心得成果的故事书、视觉报告、CD 或 DVD 等，都可以被当成一种对话式的“记忆唤起机器”，用于后续活动和计划执行。除此之外，这些创造性整合关键见解的方法，也可以用来传播消息，创造更大的对话网。尽管这些用来帮助传播见解的方法很少能完整传递当初世界咖啡汇谈的兴奋感受和心得发现，但也是有效的工具，可以激发更多的汇谈和行动，不管这些汇谈是不是以世界咖啡的形式来开展。

我们的学习挑战

找到最好的方式来传播和运用世界咖啡汇谈中的集体发现和故事，揭示了一系列很大的挑战和问题，对于这些挑战和问题，我们都还在摸索的阶段。例如，西方的学习和教育方法是基于个人主义的心智模式。在美国和其他国外地区，我们才刚开始运用迈克尔·许瑞吉所称的“欢乐工具”，它如世界咖啡桌布和图像记录一样简单，或者说如群组软件和其他协作性技术工具一样复杂，这些都能帮助我们把集体发现视觉化。

为了培养组织和社群对关键议题的整体性和系统性思考，我们有必要寻找一些创新方法，来连接个体智慧和集体智慧。在这一点上，芬·沃多夫曾抛出有待领导人深思的问题：“一个集体如何真正学会共同思考？集体见解的形成原理和个人见解的形成原理有所不同吗？”

其他世界咖啡主持人以此问题为基础，展开提问：“在世界咖啡参与者规模越来越大的情况下，什么方法可以让集体见解逐渐成形而且具有可行动性？”看来要使汇谈更有效，我们需要考虑能替代线性报告模式的方式，在传统组织和社群中，分析性报告和幻灯片展示对于我们来说再熟悉不过了。我们发现像互动图像以及其他形式的视觉语言、戏剧、诗词、艺术表达和互动性科技工具等另类创新方法，能够有力提升我们在面对复杂议题时的共同思考能力。

世界咖啡汇谈，对于如何更好地接近、收获和分享通过世界咖啡汇谈收获的见解与故事，致力于激发集体智慧而不仅仅是个人智慧，我们已经取得更大进步。我们激动于世界各地正在进行的各种创新试验以及世界咖啡对这个研究的独特贡献。如果你要在自己的组织或社群开始主持汇谈，我们也很希望从你的经验中学到东西。

问题的反思

1. 你曾见过哪些最有效或最具创新性的方法，可以让集体知识更清晰，进而提升集体的学习成果和心得发现？

2．从你的视角和经验来看，如何让见解传播得更有效？收获和分享集体发现，在提升共同智慧和推进关键发现向前发展方面起了什么实质性作用？

3．设想你将要参加一场聚会或者汇谈，对于收获和分享集体发现，文件记录方面有什么创新性方法，能让其对现场参与者来说都非常有用、有利于传播给其他群体？

第 10 章

世界咖啡流程指南：主持的艺术

主持是一种活动，也是一种态度。

——卡洛斯·莫塔·马尔甘，世界咖啡主持人

The World Café

如果主持的意思就是欢迎所有的来宾，那会怎么样？

案例故事

代表姐妹同胞共商大计：身残志坚的非洲妇女

玛丽安·米勒·波杰尔 口述

> 玛丽安·米勒·波杰尔是变革先锋会的创始人之一，这是一个全球性社群，由25岁到30岁出头的坚持变革的年轻人组成。这群年轻人向其成员所在的70多个国家推广领先的组织、社群和领导发展流程。主持的艺术是世界咖啡成功运作的核心。这是米勒在南非一场很特殊的世界咖啡担任主持人时的心得故事。

“我要加入！”当听到有35～40名非洲各地的妇女，要在我的家乡约翰内斯堡聚会，互相鼓励，分享各种有利于工作进展的构想与工具，并为非洲残障妇女建立一个关注生殖健康和防治艾滋病的全新网络时，我激动地做出如上反应。我是从同事玛丽妮·诺斯那里听说，丹麦残疾人协会委员会想在南非寻求一名世界咖啡主持人来引导这场会议的。这个小组对创办一个新的正式组织或国际性机构并不感兴趣。反而，他们想从已经存在的组织中创建一个“网络”，并从这些有明确目的、有创新性想法和紧密人际关系的组织中获得帮助。

很快，我就联络上了在丹麦的利拉·奈尔森和在乌干达的克斯坦·奈尔森，这两名丹麦人都参与这个项目。此外，我也和来自丹麦残疾人协会的代表取得联络，共同设计这个项目。当我了解更多情况后，我明白这个小组对我们的工作提出了挑战，我们必须修改世界咖啡流程来配合参与者的特殊需求。这个小组成员全部是残障妇女，其中好几位是全盲和弱视，还有许多身体残障的妇女，必须依靠枴杖或轮椅行动，包括两名聋哑人士。

我这辈子从未在工作上遇到过这种团体！我写了封电子邮件请教利拉，确认她们是真的想用世界咖啡的方式来组织这次会议。世界咖啡汇谈通常会不断移动位置，而且还得依据会议进度，在会场里挂上许多东西，以便视觉呈现整个团体的成果进展。但这个小组适合这么做吗？

虽然利拉本身没有参加过世界咖啡，但她知道小组成员希望一种“能将参与者观点聚集起来”的流程，而她听说这正是世界咖啡最强大的地方。我虽然还是有些紧张，但也不免对这个挑战感到兴奋。我在想，如果我能想出办法灵活运用世界咖啡的原则，或许我可以从这场特殊聚会的经验中，学到更多主持和创意的技巧。结果不出所料，当为期一周的工作坊结束时，它的确成了我这一生中最难忘的经历之一。

既然这次聚会是我们首次与残障妇女网络一起聚会，因此决定刚开始先尽可能使用她们工作网络里的会议组织和主持方法。例如，尽管参与者都准备了一些报告，但这些报告是用来激发各小组之间的互动对话的。此外，我们也请参与者在做自我介绍时，能顺便分享她认为真正重要的问题是什么，以便每个参与者关心的问题都包含在会议的主要内容中。

每天下午，我们都根据当天主题举办一场世界咖啡。我们探讨了在每位参与者所在国家里各种残疾人发起的运动有什么优点或缺点，也探讨了她们特有的非洲背景，并为她们日后的工作网络勾勒出愿景。我们抽出一整天来听取各国代表的报告，但我们不是在全体会议上听取 15 位代表的报告，而是围着世界咖啡的小桌子讨论这些报告，找出共同的趋势、模式和共通的问题。

这些妇女非常认可世界咖啡流程。我注意到，她们的残疾反而让大家有更多肢体接触的机会，从而建立更深的情谊。我常常会从肢体上接触这些妇女——我触摸盲人参与者，让她们知道我就在她们身边；接触肢体残障的参与者，协助她们行动。如果是聋哑人士，我们会尽量放慢速度，以便翻译人员跟得上进度。为了配合每个人的步调，我们会花更长时间来移动位置。

作为世界咖啡主持人，每当有新的人进入房间的时候，我都会大声宣布，并请她做自我介绍，以便让盲人参与者可以知道谁在场，并且听出新来的人坐在房间的什么位置。我会注意观察每个人，第一天便记住所有人的名字。当我在墙上写了什么或画了什么时，我都会仔细描述其中内容。每次会场里的摆设有了改变，我也会告诉她们，让她们知道，如果再次回来的时候，房间的布置与原来的布置哪里不同。

三天下来，这些来自非洲的残障妇女，分享了她们在生殖健康方面做过的努力以及面对的严峻现实，然后我们开始展望她们未来的工作网络并设计了框架结构，包括目的与原则、角色与关系，以及沟通的流程等。由于我们几天以来的世界咖啡汇谈中，一直应用网络工作流程，所以她们很容易想象未来会以什么组织方式，在更大规模上实现这种基本的工作网络构想，而且丝毫不会减弱她们已经在世界咖啡里建立起来的个人关系与情谊。

我真的很高兴能有机会和这些真实又热诚的残障妇女共事五天，她们代表的是和她们一样残疾的姐妹同胞们。这种感觉和参加普通会议的感觉完全不同。例如，我上个月刚引导了一场会议，会中人士越谈论贫穷这个主题，就离真正的贫穷越遥远。但在这里，当这群妇女分享自身的故事与经验时，大家无不感同身受。虽然我近来都没有和她们见面，但我一直没忘记她们，从与她们联系的电子邮件中得知，这个网络目前仍在运作中。

从这次世界咖啡的主持经验中，我没有学到什么具体的方法，而是更深谙了我“存在”的意义。感觉上主持就是做你自己，而不仅仅是扮演一个正式的角色。参与者都很有幽默感，我感觉得出来她们也都是在呈现真正的自己。正如我感觉到的，身为主持人，这次聚会给我创造了一个空间，让我更好地做我自己，我想这也鼓励了她们去做真正的自己。从某方面来说，我只是帮助她们一起主持而已。

我也学会了以我以前从未经历过的方式关心别人。世界咖啡流程在参与者之间创造出一种连接的网络，催生出集体智慧。但除此之外，我发现主持人还扮演着另外一个重要角色，那就是随着会议的展开从各方面去“连接”参与者，这对于小组成员发现她们自己的集体智慧大有帮助。

方法之一是你要懂得包容。我紧密关注每个人的需求，其实她们的需求非常明确，如果我注意到有人没跟上流程或者由于什么原因被漏掉了，就会邀请她参与进来，并鼓励她尽量多贡献自己的想法。这对主持人来说是很重要的工作，即便在比较传统的场合里也是一样。

此外，我还认为主持人在介绍世界咖啡时能够充满自信，也会对参与者有帮助。当人们不清楚接下来会发生什么时，他们就会开始质疑整个架构与前提，情况也会变得棘手，所以你必须非常清楚地介绍世界咖啡的原则和流程。主持人的服务精神也很重要。不要想当然地认为主持世界咖啡很简单，汇谈会马上顺利开展，而是要随时留意有没有需要帮忙的地方。

看起来我从这场会议中学到的主持技巧，并不适合直接应用在非残障团体的身上。但从更深层次上讲，我认为是互相通用的，作为主持人的我们，应该有勇气和决心进行实践。

视角与观察

我常常想，是世界咖啡的什么流程和原则，让那些在领导、组织和引导技巧上表现平平的人，也能成功主持世界咖啡式的汇谈，而且还经常是大型团体的汇谈。从过去十年来的“行为研究”中，我们发现，只要能创造性地运用世界咖啡的七项设计原则，以及在汇谈开始时就清楚介绍世界咖啡礼仪和假设（请参考下一小节“事先的准备：召集一场世界咖啡汇谈”），就能营造出有利于合作性对话的情境，并能避免许多大型团体汇谈时发生的无序行为。

但有一点必须强调，让世界咖啡式汇谈达到最佳状态的“魔法”不见得会常常出现。要想更大可能地获得集体智慧，一定得先弄清楚世界咖啡的模式适不适合你这个团体（请参考下一小节“确认你的情况是否适合采用世界咖啡汇谈”），并且要有足够的时间来规划这场汇谈，综合运用七项设计原则，这是一个整体，缺一不可。

主持大型汇谈是一门艺术，不管是世界咖啡模式还是其他的，需要个人的觉察力和注意力。托克·莫罗，曾在自己的家乡丹麦和国际上向数百人传授过主持技巧，他认为：“如果你不能完全展现出你自己，你就无法主持世界咖啡或任何一场深度学习的汇谈。这是一种真实生活的实践，而不是理论。你迟早会遇到某些事情，让你超越自己的认知极限，创造新的可能。但是，作为主持人，要跨入这个新的空间之前，你必须先克服自己的恐惧，静下心来，才能看清你当下需要做什么。”

另一位丹麦籍世界咖啡先行者芬·沃多夫则指出：“作为一名主持人，我会把自己的注意力全放在参与者身上，注意看他们之间正在浮现的那个整体。我总是在寻找创新性的方法，让他们看见他们桌上以及对话网络里浮现出来的东西。”

托克补充说，主持意味着你必须理解世界咖啡对话里包含的各种系统。“知识分享系统、问题分享系统、关系系统等，这些都要理解清楚，才能灵活运用。如果你有足够的好奇心去弄明白事情的原委，你就有机会做出自己的最大的贡献。做一个好的主持人，是你的莫大荣誉，而不是苦差事，它是一种很重要的领导艺术”。

珍·汉恩·奈尔森是托克的朋友和同事，她也认同上述观点，同时她也强调信任的重要性：“主持人必须先信任自己，相信自己有能力创造一个让所有人都充分发挥潜能的空间。她必须相信参与者有能力也有意愿进入共同学习的领域。而参与者也必须相信他们可以在主持人的带领下，展开学习和行动，不管他们希望得到什么成果，都能在会场中实现。如果他们之间没有信任，根本主持不下去。那是别的什么而绝不是主持！”

作为主持人，你要邀请人们进入一个创意无限的空间，一个充满未知的空间。这个空间必须是开放的，不能被打扰，这样参与者才会觉得自在，展现出他们的最佳思维。正如另一名丹麦籍同事莫妮卡·奈尔森描述的那样：“如果这个探索空间是开放的，随时都可能出现新奇的事物，你要做好迎接惊喜的准备。你不可能确切知道会发生什么事。有时候你就和别人一样，站在惊喜的边缘。”

主持人要做什么才会让我觉得受欢迎？

我们中的大部分人都不知道，好的主持人是靠什么方法营造出莫妮卡形容的那种开放空间的，除非我们愿意停下来反问自己：“主持人要做什么才会让我觉得受欢迎？”这个问题或许是让我们找到世界咖啡主持技巧和精华的途径。当我们在谈主持这件事时，指的不是传统的引领或领导技巧，而是指利用世界咖啡的七项原则，创造条件让参与者自行组织起来，针对自己关心的问题，在咖啡桌上互相主持汇谈。

作为汇谈主持人，问你自己下面的问题：

- 我要怎么做，才能让和我在一起的人觉得舒适自在，有安全感，而且在智慧上有被挑战的感觉？
- 我要怎么协助参与者更深入地认识和欣赏彼此，并更多地了解我们所探索的问题？
- 我该如何让参与者互相主持汇谈，并让他们从彼此的汇谈中去发现那个神奇的魔法？

不管你的答案是什么，也不管其中的含义是什么，你都得开始试着实践。把那些不管用的技巧抛一边，把那些看起来最有用的方法再精进一下。最重要的是，经常问自己上述问题，整合你的答案，并且在主持中不断实践。不久，你就会找到最适合自己的主持方法。

要注意本章后面的内容是独立的，可以作为世界咖啡的主持指南。这份指南不是一本“食谱”，它只是提供基本原料，以便你根据自己的需求和状况来“烹饪”出独具匠心的汇谈。你也可以从本书的其他章和世界咖啡网站上，找到许多实用的案例和技巧。

世界咖啡主持指南

事先的准备：召集一场世界咖啡汇谈

当你召集和主持一场世界咖啡汇谈时，你可以尽情发挥自己的想象力并享受其中的乐趣。虽然传统的咖啡桌布置和鲜花能营造一种特殊的氛围，但这绝对不是唯一可用的办法。我们听闻过许多有趣的设计，包括在起居室里三两成群地展开对话，再轮换位置；在森林里的大树之间移动着汇谈；或者展开“学习之旅”，中途再让乘客互换小巴士交换汇谈。不管你选择什么方法，都要整合运用世界咖啡的七项设计原则，才更有可能让参与者们做到主动参与和真实汇谈，以及提出对未来行动的建设性建议。好好利用任何你可以使用的空间，发挥你的创造力去布置，同时要注意世界咖啡的七项设计原则，发挥你的想象力，利用世界咖啡来帮你达成你要的目的。尽你一切所能做一个最棒的主持人，而且对它的流程充满信心。

确认你的情况是否适合采用世界咖啡汇谈

在设计时谨记世界咖啡的各项原则，这将有助于你改良方法和进行各种情境下的重要对话。世界咖啡的适用范围很广，你可以用在只有 90 分钟的小型研讨会上，也可以用在为期好几天的大型会议上。世界咖啡可以单独举办，也可以作为大型会议中的一个单元。

世界咖啡汇谈尤其适合以下目的和情况：

- 为了分享知识、激发创新思维、建立社群，以及针对现实生活里的各种议题和问题，探索可能性。
- 为了深入探索重大的挑战和机会。
- 为了让第一次碰面的人可以展开真正的对话。
- 为了加深现有团体中成员的关系和对结果的责任感。
- 为了在演讲者和观众之间创造有意义的互动。
- 当团体人数超过 12 人（我们曾主持过 1 200 人的汇谈），而你又希望每个人有充分发言的机会时。世界咖啡尤其适合把小型团体对话的亲密和大型团体的分享的乐趣相结合。
- 当你们至少有一个半小时的时间（最好是两小时以上）可以举办世界咖啡时。有些世界咖啡一办就好几天，或者作为一般常规会议的一部分。

如果是以下情况，世界咖啡恐怕不是最理想的选择：

- 你想引导大家得出事先已经确定好的结论或答案。
- 你只想做单向的信息传达。
- 你正在制订详细的执行计划和分配方案。
- 你只有不到一个半小时的时间可以举办世界咖啡。
- 你遇到的是极端对立和火爆的场面（主持这样的世界咖啡需要很高超的引导技巧）。
- 参会人数少于 12 人。在这种情况下，你可以考虑采用传统的汇谈圈、协商会议或其他有利于真正对话的方式。

设定情境

一旦决定世界咖啡很适合你的情况，你就需要明确情境。也就是说，你要注意以下三个方面：目的、参与者和外在因素。

- 明确你把大家召集在一起的目的以及你从这场世界咖啡中所能看到的最好成果。一旦确定世界咖啡的目的何在，你便可以以某种能反映其目的的方式来给世界咖啡命名，如领导力咖啡、知识咖啡、社群咖啡、探索咖啡和周年纪念咖啡等。
- 确认要邀请哪些参与者。多元化的思想能催生出更多的见解和发现。
- 考虑好实施涉及的外在因素，如时间、预算、场地等。也看看是否需要考虑其他的外在因素以达到目的。

营造宜人好客的环境空间

世界各地的世界咖啡主持人，都强调营造宜人好客的空间的重要性，这个空间必须让人觉得舒服、有安全感、激发人们展示自己的愿望。尤其要考虑好，怎么用你的邀请函和现场的布置，来营造一种欢迎的友好氛围。

你可以在邀请函上，提出一个你认为对参与者来说重要的问题或主题。选定一个会引人好奇并能激发更多对话可能的问题。打造你的邀请函，传达给被邀请者这样的信息：一定会很有趣，他们能完全参与进来并会学到新东西。在寄书面邀请函时，想办法使其与众不同，使它有别于一般电子邮件或书面信函，不必拘泥形式，尽量发挥创意，使其充满个性并带来视觉趣味。

创造宜人的世界咖啡环境空间

不管你是邀请数十位还是数百位参与者，都要让你的来宾很快感觉到这不是一场普通的会议。尽可能把会场布置得亲切宜人。让人们一进入会场，便能听到优美的音乐。自然的采光和室外的美景永远都让人感觉舒适。但万一你的会场没有窗户，一定要搬些绿色植物进来，好让会场看起来充满生机。在墙上张贴一些图画和海报，便能立刻将沉闷的会场转变为热忱欢迎的空间。食物和点心是营造好客氛围的最佳帮手，别忘了在会场随时供应点心和饮料。

别让自己局限于以上建议。请参考本章稍后列出的会场布置及物品清单，再利用自己的想象力和创造力，去营造一个轻松宜人的环境空间。

探索真正重要的问题

为了展开深度汇谈，需要寻找并构思重要的问题，这需要谨慎专注的思考才能有好的结果。你的世界咖啡也许聚焦于探索一个问题；也许是通过多方探询，多轮汇谈对重要问题进行探索。很多时候，世界咖啡的目的就在于，发现和探索有价值的问题，这和找到直接的解决方案一样重要。你所选择的问题，或者参与者在世界咖啡汇谈期间所发现的问题，对汇谈成功至关重要。诚如国际企业学习协会的艾瑞克·沃格特所指出的，一个好的问题具有以下特点：

- 它很简单明了。
- 它能引人深思。
- 它能激发能量。
- 它能聚焦探索。
- 它能让假设逐渐显露。
- 它能开启未来新的种种可能。

有经验的世界咖啡主持人往往建议提出一些开放式的提问，也就是那种可供进一步探索的提问。好的问题不需要你立即采取行动或提供问题解决方案，它会让你继续探索和挖掘，而不是评判优劣或表态支持。我们会在本章结尾部分列举一系列有启发性的问题供参考，来协助你设计汇谈中用来探索的问题。要知道你是否提供了一个好的问题，就看这个问题是否能不断催生新的观点和各种可能。在决定使用这些问题之前，最好先测试一下。找你信任的将去参加世界咖啡的朋友或同事，测试这些提问，看看这些问题能否引起众人兴趣和释放能量。如果你有特约演讲者，最好请他帮忙一起设计问题，以保证这些问题与参与者息息相关。

在汇谈现场：主持世界咖啡

一般来讲，世界咖啡常常包括连续三轮的汇谈，每轮汇谈持续

20～30 分钟，接着是全体汇谈。几轮汇谈下来时间比较长，但每轮汇谈如果不满 20 分钟，参与者往往会觉得时间太赶。在进行全体汇谈之前，究竟需要几轮汇谈，每轮汇谈时间多长，取决于你关注的问题和你的目的。你可以自己试验看看。

当参与者到达会场时，世界咖啡主持人（较大型的会议会有一个主持团队）就开始了他们的工作：欢迎人们的光临，告诉他们茶歇的地方，请他们入座，回答现场安排相关的问题，直到第一轮汇谈开始。所有参与者就座之后，主持人负责解释说明世界咖啡的目的和相关流程安排，告诉参与者汇谈过程中他们需要更换桌次位置，而且可能在对话正热络的时候打断他们，请他们结束对话的动作或许引起参与者的不悦，这是很正常的，但他们可以把未完成的对话内容带到下一桌去。此外，也要事先说明当一轮的对话结束时，必须留下一名成员待在原桌，担任那桌的主持人，其他人则换到别桌，和别桌的人混坐在一起。

各桌主持人必须同时身兼参与者和服务人员的角色，带领大家进入汇谈，而不是正式的引导者。主持人的另一个作用就是，向新入座参与下一轮汇谈的参与者分享上一轮汇谈的精髓。在座的每个人都有责任支持桌主持人，帮忙做笔记，总结关键观点。如果真的很有感觉，也可以用画图的方式来呈现有趣的思维和见解。这种“桌上记录”方式，有助于主持人向新入座的参与者更好地传达汇谈中出现的重要观点。记住，一定要鼓励参与者在对话过程中直接在桌布上书写、画图或随意涂鸦。这些桌布上的图画往往包含着有用的信息，能从视觉上帮助大家连接观点。下一轮汇谈要移动到其他桌的参与者，也要记住把这轮对话中产生的关键观点、主题和问题带到下一轮其他桌的汇谈中去。

第一轮的汇谈开始前，有必要先介绍世界咖啡的基本假设和汇谈礼仪。你可以把我们这一页的图片直接用投影片展示，或者贴在画板上，或者印成卡片发给各桌参与者。你也可以用你自己的图片。清楚地了解世界咖啡的一些假设和礼节，参与者在观念和行为上就会以此为导向，这也有益于支持建设性汇谈，而不用再花很多时间说明“应该做的”和“不应该做的”。最后在正式开始世界咖啡汇谈前，记得预留点时间回答人们提出的任何问题。

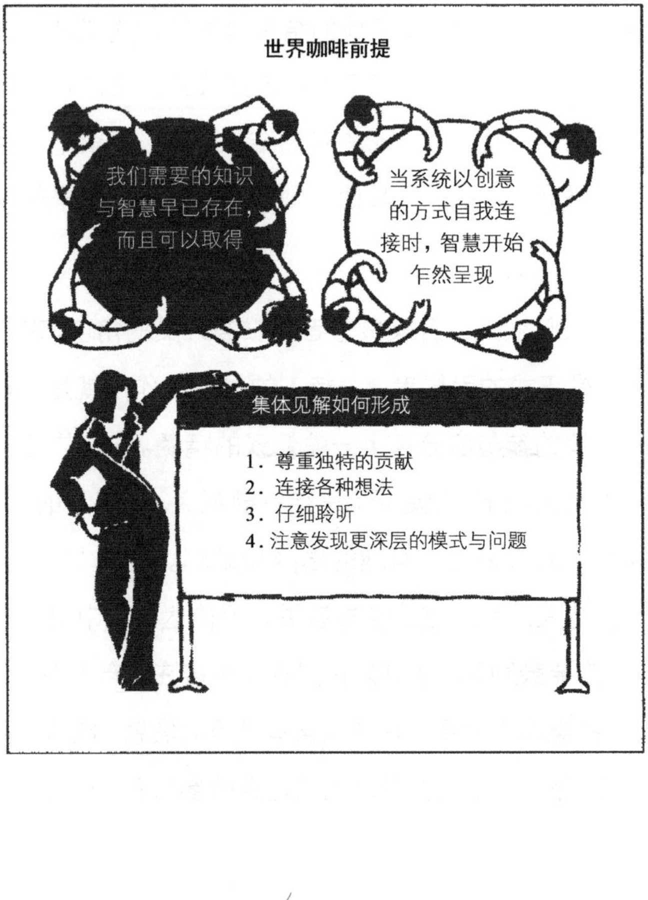

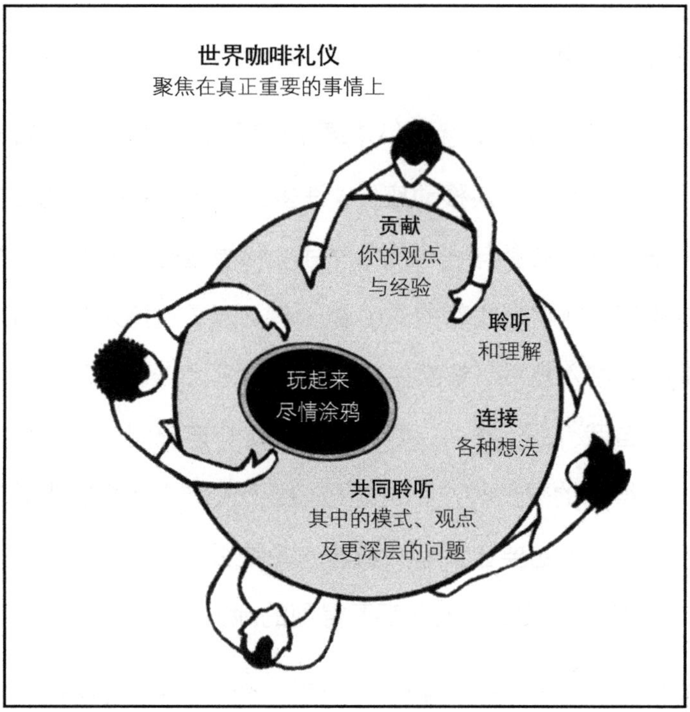

现在你已经准备好了提出第一轮汇谈要讨论的问题。把问题（即使你的问题是请大家发现他们自己的问题）写在活动挂图上或幻灯片上，必要的话，可以多准备几份贴在会场四周，或印成卡片分发到每张桌子上。经常会出现人们听到的和你说的内容不一样的情况。视觉上的提示可以避免很多混淆。如果有人要求你帮忙厘清问题，千万不要提供参考答案或引导汇谈的方向。

鼓励每个人自由分享他们的观点和视角，还要认可一些有与众不同贡献的人，他们可能只是专心的听众。有的世界咖啡主持人喜欢在每轮汇谈开始之前，先请大家选出各桌的桌主持人，有的则喜欢每轮汇谈结束时再选。不管你选择哪一种方式，一定要确保在人们调换位置之前选出各桌主持人。

结束每轮汇谈时，主持人都要用温和的方式让大家知道时间已到，请为下一轮的汇谈移动座位。许多主持人会用举手的方式示意参与者安静下来，让参与者也跟着举手，代表这轮汇谈结束。鼓励离座的“旅客们”到别桌找新的人坐在一起。请桌主持人欢迎新入座的来宾。提醒大家入座后，在桌主持人还没分享上一轮的汇谈精髓前，先做简单的自我介绍。然后，每桌新的来宾补充说明一下他们在之前那桌汇谈中得到的想法和产生的连接。每个人都要认真聆听并互相分享观点。桌主持人还要让大家知道这一轮是否有新的问题需要讨论，如果有，要把问题张贴在大家都看得到的地方。

有时，人们参加第一轮的汇谈后，会换到别桌进行第二轮汇谈，然后最后一轮汇谈时再回到原桌进行观点综合。也有些时候，会让他们每轮汇谈都更换一次座位，桌主持人一直待在原桌引导该桌汇谈的进程，负责阐明该桌不断出现的对话精华与各种见解。有时候也可以让参与者展开短暂的聆听之旅，听听别桌正在探索什么，再回到原桌，从而连接共同汇谈线索和引入多元化视角。就像书中许多故事和例子讲述的那样，你要怎么变化运用，全看你的目的而定。

鼓励每个人参与贡献

每桌只坐四到五个人，原因之一就是要让每个人的声音都能被充分听见。不太愿意在大型团体里发言的人，遇到这种比较温馨的世界咖啡场合，反而能提供丰富有趣的见解。在大部分的世界咖啡这样的聚会场合里，只要提出问题，人们就被鼓励着参与到汇谈中，探讨各种想法。这一招大多时候都很管用。

不过我们也发现到，如果桌上能有一个“谈话物件”（talking object），能帮助确保桌上不是某一个人一直在说话。谈话物件是以前土著居民惯用的东西，可以是一根棍子、一块石头、一支书签、一个装盐的小罐子——几乎可以是任何让桌上的人传来传去的东西。告诉参与者准备发言时，先拿起那只代表谈话的小玩意儿，等到说完后，再放回桌子中央。谈话物件可以绕圈顺序传递，也可以让先发言的人在说完之后，作为礼物交给他选择发言的人，但是人们若不想发言，也可以直接跳过去。作为主持人，你可以在世界咖啡一开始的时候，就向大家介绍谈话物件的用途，也可以在汇谈过程中任何适当的时候，当你觉得到有必要让大家深入聆听并且“放慢步调”深度思考时告诉大家。谈话物件有助于鼓励人们积极参与汇谈，这个作用体现在两方面：一是拿到谈话物件的人被鼓励尽量清晰简洁地表达自己的观点；二是没拿到物件的人必须仔细聆听，尊重别人的观点。

作为主持人，你可以自行决定什么时候采取自由对话方式效果好，什么时候采取“谈话物件”的方式效果好，从而搭配使用。如果你估计到可能出现情绪激动或意见不合的场面，最好先使用谈话物件的方式，然后再展开比较自由的对话方式。

交流并连接不同的观点

世界咖啡的特点就是：在不同的桌子之间更换座位、和不同的人交谈、贡献出你的想法，将你的心得发现与正在成形扩大的集体思想连接起来。新的模式会浮现、不同观点竞相提出，各种见解与创意以人们未曾想象过的方式结合、呈现。世界咖啡汇谈里的移动座位方式和观点交流模式，也能减少参与者坚持自我立场和固执己见的常规情况。

充满冲突的世界咖啡？如何处理意见分歧与紧张的场面

世界咖啡主持人和网站管理者——肯·霍蒙

世界咖啡汇谈中经常会出现意见和理解上的分歧，这是新见解形成过程的一部分。但是，这种分歧能聚集能量、带来激情，也可能引起焦虑和纷争。如果你预见到可能有争执，或者你发现对话正陷入僵局，那么在下轮的对话里，你要鼓励参与者在交谈时多多运用以下的说法：

- 我很欣赏你刚说的话……
- 你的话中引发我思考的内容是……
- 为了更好地理解你的观点，我想问一下……

利用这类简单的措辞，就可以将没有效果和充满分歧的对话，转变成可供参与者利用多元化观点和意见共同学习的对话。

有时，客观条件不允许参与者移动座位，但这不意味着他们不能彼此交流观点。作为世界咖啡主持人，你可以请所有参与者在一张比较大的卡片纸上写下核心见解、观念或主题，然后各自朝不同方向转身，和隔壁桌的人互换卡片，这样也能让不同桌的汇谈见解随机交流。拿到卡片的参与者大声念出他们收到“礼物”上的内容，这样就提供了创新思维，以便进行下一轮深层次的汇谈。

共同聆听其中的模式、见解和更深层的问题

在知识创造的过程中，一定要注意其中出现的模式和连接。想要得到这种有重大突破的发现，动态聆听发挥着重要作用。作为世界咖啡主持人，你要多多鼓励这种聆听方式，才有可能催生出更多的见解、创意与行动。在世界咖啡开始的时候，让参与者抱着向桌上每个人学习的目标参与到汇谈中，鼓励每个人把不同的视角和观点当成礼物：即使有时候这些观点让我们觉得不舒服，但通常会孕育出新的可能发现。

当人们鼓励彼此做更深入的思考时，最容易催生出有创见的思维。请参与者聚焦在连接和分享观点上，千万不要漫无目的或离题。提醒大家一起聆听来发现潜藏于多元化视角下的见解、模式和核心问题，这些是任何人单独无法做到的事情。当汇谈中有必要停顿时，建议大家注意时间，预留时间让大家思考，有利于新观点的涌现。最后，鼓励每位参与者在共同探询的过程中，花点时间进行反思，反问自己：我们汇谈的核心是什么？

收获和分享集体智慧

经过几轮汇谈后，最好所有小组进行一次全体汇谈。这种市民大

会风格的汇谈，不会有正式的报告或总结分析，而是提供一个大家共同反思的机会。留给大家几分钟安静的时间反思一下，简单记录一下这段“旅途”中的所学所闻、意义内涵以及汇谈成果。你可以请会场中的任何一个人简单分享对他们来说，最有意义的观念、主题或核心问题，并鼓励大家仔细想想汇谈中有什么心得可以一起分享。

继续征求更多的观点和见解，确保在新观点和安静反思之间找到一种平衡，因为通常安静反思时，深层的智慧、新知识的闪光、新的可能才会显现。可能的话，请务必将这些核心见解记录下来，收集后张贴出来。如果你想捕捉到一些细节，也可以请每位参与者在便笺纸或卡片上写下核心观点或见解，然后全部张贴出来，这对制订行动计划和其他汇谈都有帮助。

世界咖啡常用方法

1. 让集体智慧显而易见，确定行动的优先顺序

在大部分世界咖啡聚会中，参与者在纸制的桌布上写上或画出他们的想法以让其他人可以实际“看见”他们的意思。以下是世界咖啡汇谈中收集观点和实践应用的一些其他的方法。

- 找一位图像记录师来记录汇谈话题的精华，记录师可以在活动挂图或壁报纸上，描绘出参与者的各种想法。这些彩色的壁报纸就像全体人员的大型桌布，让大家都能看到重要的见解与行动机会。
- 举办一场“桌布展览”。把画好内容的桌布挂在墙上，这样参与者在休息时间就能看到各桌的观点，为得出各自的核心观点做铺垫。
- 张贴参与者的见解。每位参与者都把自己的核心见解写在一张大的便笺纸上，然后贴在墙上，这样大家在休息时可以逐一浏览。这种方式可以用在世界咖啡汇谈结束时，巩固大家对关键主题和行动的理解。

- 建立观点组。让参与者帮忙把各种见解分类放进相近的组，以便发现一些相关的观点。这有利于小组计划下一步行动。
- 讲故事。世界咖啡汇谈结束后，把汇谈结果制作成一份报纸或一本故事书分享给更多的人。或者请图像记录师制作一本图画书，书中的图片和文字记录都能作为文档供日后使用。

2. 会场布置和用品准备

这里所提到的会场布置方式，是以最理想的状况为前提，你的场地也许不太适合这种模式。然而，尽情发挥你的想象力，尽你所能设计一场世界咖啡的汇谈流程，可以用或者不用咖啡桌，在你所处的独特情况下整合运用世界咖啡的七项设计原则。要有创造性！如果没有桌子，可以把椅子摆成 U 形，汇谈开始后再要求大家围成一圈，把写字用的卡片、纸垫以及签字笔一起放在椅子上以便记笔记。

（1）会场的布置

- 一间采光良好，并能看到外面绿植的会场。如果没有这种场地，在会场四周摆放一些植物和鲜花，也能给会场带来大自然的感觉。
- 可供 4～5 人就座的小圆桌或方桌，直径是 36～42 英寸。打牌用的轻便小桌也可以，但圆桌比较有咖啡馆氛围。如果少于 4 人，观点和视角可能不够多元化，但如果超过 5 人，又会限制他们的互动。
- 一间足够大的会场，以便人们可以在桌子间随意移动，主持人也在不干扰已入座参与者的情况下融入进来。
- 桌子的排列方式不必太整齐，稍微混乱些，营造一种自由轻松的氛围。
- 格子桌布或一般的彩色桌布。如果找不到，白色桌布也可以。即使从画架上或者活动挂图上取下的白纸，也可以用。
- 准备一张桌子，摆放参与者要喝的咖啡、茶和小点心。

（2）用品的准备

- 每桌放两张活动挂图上用的白纸（就像人们可以在咖啡馆的桌布上涂鸦一样）。如果你需要拿走并张贴这些纸，就多放几张。因为大家直接在桌布上记录观点，每一桌单独的活动挂图就不需要了。

- 大张壁报纸或活动挂图纸，用来收集和张贴集体见解。
- 为视觉记录师准备平整的墙壁用来张贴巨幅壁报纸，还有两个大型移动白板。墙面空间也可以用来张贴从各桌收集来的纸张。
- 每张桌子放一个插满各种颜色彩笔的马克杯或者玻璃杯，彩笔最好是水性的和无毒的。建议用深色签字笔或马克笔，如红色、绿色、蓝色、黑色和紫色。
- 每桌摆放一个插满鲜花的小花瓶。花要小，以免挡住视线。如果场地允许，可以再加一支小蜡烛。
- 另外，准备一张桌子放在会场前面，供主持人和演讲者放置资料。
- 准备一张靠墙的桌子，放置为参与者准备的咖啡、茶、水和点心。
- 为所有参与者和演讲者准备胸牌和座椅（要能够移走多余的椅子）。

（3）备选设备

- 投影仪、幕布、放投影仪的桌子以及数码相机。
- 能播放磁带和 CD 光盘的带扬声器的音响设备。
- 柔和的爵士乐或其他欢快的音乐磁带或 CD 光盘，在来宾进场时播放。
- 世界咖啡主持人使用的麦克风。需要的话，为市民大会式的集体汇谈，准备 2 个无线耳麦和 2 个手提式无线麦克风。
- 2～4 个带有空白白纸的活动挂图。
- 2 个以上尺寸是 4 英寸 ×6 英寸或 4 英寸 ×8 英寸的移动白板或黑板。
- 一个装有基本用品的箱子：订书机、纸夹、橡皮筋、签字笔、修正带、备用钢笔、图钉、铅笔和带黏性的便笺纸。
- 4 英寸 ×6 英寸或者 5 英寸 ×8 英寸的彩色卡片纸而不是白色的。如果可能的话，数量要足够多，以便每位参与者能拿来记笔记，或用来在各桌之间交换见解。
- 亮色的尺寸是 4 英寸 ×6 英寸的大的带黏性的便笺纸，25 张一叠，每张桌子都放一叠。如果你想要参与者写下自己的想法，并张贴出来，就需要用到它们了。

3. 适合各种情形的问题

下面是一些我们和其他同事共同收集的有启发性的问题，这些问题有助于我们在世界各地各种场合下激发新的智慧和创新性思维。浏览一下这些问题，发挥你的创意，考虑最适合你具体场景下使用的问题。

（1）有利集中集体注意力的问题

- 什么样的问题如果回答后，能对我们目前探讨情境的未来有重大影响？
- 这件事情对你来说重要的是什么？你为什么这么认为？
- 是什么吸引你们/我们来参与这个探讨？
- 我们的目的是什么？什么是更深层的原因，也就是“Big Why”，值得我们全力以赴？
- 对这件事情，我们能看到哪些机会？
- 对于这件事情，我们目前为止知道什么，还有什么需学习的？
- 对于这件事情，我们的困境和机遇是什么？
- 思考这件事情时，需要先检验或质疑什么假设吗？
- 和我们持不同意见的人对这件事的说法是什么？

（2）有利于连接观点、发现更深层见解的问题

- 从这里形成了什么？在这些不同意见的背后我们听到了什么？我们听到的中心问题是什么？
- 汇谈中出现了哪些对你来讲全新的观点？你做了哪些新的连接？
- 你听到了哪些对你来说真正有意义的东西？什么让你感到吃惊？什么让你感到迷惑或者对你来说是个挑战？你现在想提什么问题？
- 到目前为止，我们的整体全貌中还缺少什么？我们有没有视而不见什么？有什么地方需要再做澄清？
- 到目前为止，你主要学习到了什么？见解是什么？
- 接下来我们需要深入思考的是什么？
- 如果有一件事情是我们目前为止还没谈到，但若想达成更深层的共识和认识，就一定得谈到它，这件事究竟是什么？

（3）可以创造前进动力的问题

- 若要在这个议题上做出一番变革，需要做些什么?
- 这种场景下发生什么会让我们全心投入并且充满能量?
- 这里可能发生什么? 谁会在意?
- 我们需要把当下的注意力放在哪里才能取得进展?
- 如果成功真的指日可待，我们应该选择实施哪些大胆的举措?
- 下一步行动中，我们可以如何互相支持? 我们各自能做什么独特的贡献?
- 我们会遇到什么样的挑战? 如何处理?
- 如果是从今天开始，什么样的对话可以带来涟漪扩散效应，为这件事情的未来创造全新的可能?
- 今天我们应该共同播下什么样的种子，才能对这件事情的未来有重大影响?

主持重要汇谈的几项原则

下面是世界咖啡的七项设计原则，整合运用，有利于发挥出汇谈在商业和社会价值上的巨大力量。

设定情境
澄清汇谈目的，明确汇谈中涉及的各要素

营造宜人好客的环境空间
在环境布置上，一定要给人宾至如归的感觉，让人有安全感，才可能放松心情，互相尊重

收获和分享集体智慧
让集体知识与见解得以显现，并能付诸实际行动

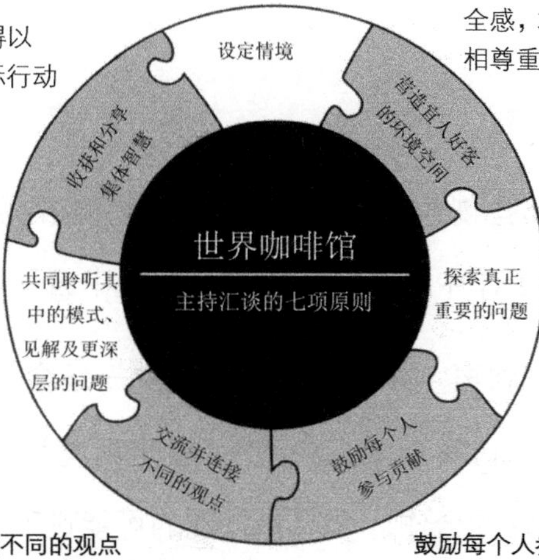

共同聆听其中的模式、见解及更深层的问题
注意力集中，关注观点的连贯性，也不放弃个人的贡献

探索真正重要的提问
把共同注意力集中在有力的问题上，以便集思广益

交流并连接不同的观点
在聚焦共同核心问题的前提下，利用生存系统生生不息、不断涌现的动态方式，尽量增加各观点的连接方式与密度

鼓励每个人参与贡献
邀请参与者全身心投入和贡献，让“我”和“我们”这两者之间的关系变得融洽

行动起来，不断实践

世界咖啡是一种持续向前发展的实践活动，主持人好好掌握世界咖啡的七项原则，并灵活运用，才能在合作性思考和有效行动上实现重大突破。当你面对一些本指南没有谈到的或者本书中其他部分也未

涉及的情况时，需要你用自己的团队经验、自觉选择合适的方法来处理。汇谈领导力是一门艺术，而不是科学。发挥你的创造性，设计好的世界咖啡流程，同时也提升你在生活和工作其他方面主持汇谈/对话的领导力，因为汇谈中真实的对话，能对积极的结果产生很大影响。试试看……你会喜欢它的！

问题的反思

1．你会用哪些创新性的方法，将世界咖啡的原则和流程，应用在你自己生活或工作中即将举行的重要汇谈中去？

2．试想你即将要主持或者帮忙主持的一场会议或汇谈，你会做哪些具体事情来营造宾至如归的氛围、设定情境和设计汇谈里的重要问题，来开启更好的合作、学习和发现的可能性？

3．如果你即将主持世界咖啡汇谈，你需要考虑哪些后勤方面、个人准备以及其他支持，才会有信心引导整个流程？

4．你可能遇到什么挑战？又将如何处理？

5．如果你有更娴熟的主持技巧，这对你在生活上、工作上或社群里所关心的情况会有什么帮助？

第 11 章

对话领导力：激发集体智慧

懂得尊重生命的领导者，知道该如何信任和利用存在于社群、公司、学校或组织任何角落的智慧。当今的领导者必须知道如何做一个好的主持人——将人们聚在一起，容纳多元化，在创意流程中智慧不断涌现，接收各种观点。

——玛格丽特·惠特里，博卡纳研究院

The World Café

如果发挥汇谈领导力就像在细心照料一亩田地，那会如何呢？

本章中，我们收集了四则小故事。它们通过不同的方式反映了世界咖啡的流程及原则如何帮助汇谈领导人创造有价值的结果。这些故事凸显出汇谈领导力的技巧及组织架构对于 21 世纪的组织和社群培养集体智慧至关重要。

案例故事 1

培养教育领域的对话式领导：波尔克郡学校

卡罗琳·鲍德温 口述

> 卡罗琳·鲍德温曾在佛罗里达州波尔克郡的公立学校担任教学督导。她和同事曾在过去五年的时间里，运用世界咖啡汇谈的方式，整合该地区 138 位校长和 5 000 多名教师的知识与经验，为当地 84 000 多名中小学生提升在校表现。卡罗琳自创“对话式领导”概念，来描述他们大规模变革的方式。以下是这则故事的细节。

雷·乔根森博士是一位受人敬重的组织学习顾问，他首次向我们 30 人组成的执行领导团队介绍了世界咖啡的概念。苏·米勒·赫斯特，是麻省理工学院汇谈项目的早期成员，她在汇谈领域做了开创性的新研究。赫斯特为所有校长主持了一场为期三天的项目，让我们体验到了汇谈的力量。接下来几年中，我们将学习型对话作为核心领导方式和校内体系的工作模式——开始只运用在校长们身上，后来扩展到每个学校的所有教职员工。这是一段虽然吃力但极为有趣的经历。

执行领导团队的第一次世界咖啡汇谈举行得很棒。大家围坐在一起，展开讨论，这种形式在学校体系中并不常用。但我们发现，世界咖啡式汇谈可以让人在轻松的氛围下一起思考，探讨彼此的观点。执行领导团队每个月开一次例会。第一年，每次会议我们都从世界咖啡汇谈开始。等到学期快结束时，我们已经举办过好几次世界咖啡，因此对流程非常熟悉。世界咖啡汇谈成了我们用来讨论重大议题、创造共识以及我们这个多元化领导团队建立信任的首选方式。

有了此次经验，五名地区督导开始把这种谈话方式带回给学校的校长们。举例来说，当我们刚开始引入世界咖啡时，我所在区域的校长们就曾利用世界咖啡汇谈，发起了一个旨在提高学生成绩的长期计划和重要战略倡议。结果效果很好！那时候，佛罗里达州已经开始为学校评级。我所在区域的学校有很多都属于一类学校，一类的意思是这些学校的学生大多来自低收入家庭。刚开始的时候，我们根本没有A级学校，只有三所B级学校，和一些C级、D级学校，还有一所F级学校。在校长们引入世界咖啡一年后，在教师之间建立起学习社群，我这个区就再也没有F级学校了。而且所有学校至少都提高了一档评级，有些甚至提高了不止一档。我认为如果不是世界咖啡汇谈产生这些有利改革的观点与行动，我们不会取得如此好的成果。

把世界咖啡当成对话式领导的领导方式之一，还创造出了其他意想不到的成果。当我刚开始运用这种方式时，普遍的态度是："我不愿意分享我的观点，因为这样一来，别的学校就知道我们的成功秘诀了，而我们学校就可能丧失了优势地位。"但体验过我们的世界咖啡汇谈之后，校长们开始明白相对于他们个人来说，联合成团队和体系效果会更好。我之所以知道内部竞争心态已完全消除，是因为有一家大型购物中心的一个代表来参加我们的会议，他在会中提出一个有助于假日促销的竞赛点子——赢的学校可以得到奖金。结果当那名代表离席后，校长们都说："我们今年不想举办这种比赛，因为这有悖于我们的整体原则。我们不是独立的学校，我们同属一个系统，同在一个团队。"我当下的想法是："哇！这种汇谈方式真有效！"

经过那次事件之后，校长们开始展开深入对话，讨论所在学校存在的问题，连接彼此的智慧，寻求积极的改变。其中，有位校长在一所小学工作 29 年之久，因此有丰富的经验可以和大家分享。在他任职期间，他见过很多创新办法的成功与失败，而许多同事不是身故就是退休。在一次世界咖啡汇谈中，他说道："刚开始，我也认为这种世界咖啡的玩意儿愚蠢至极——包括在会场里不断更换座位，进行对话，围坐交谈。我当时的想法是'我一定比这玩意儿活得长久'。但你们知道吗？我真的又找到朋友了！"他成了对话式领导强有力的倡导者之一。

一旦校长们接受了世界咖啡汇谈模式，便开始把对话式领导引入自己的学校。老师们发现，他们不再需要一系列培训或者新的材料，就可以进行建设性的对话。他们只需要找出时间坐下来好好聊聊，把他们对孩子们的所知所闻，以及需要改革的地方一一找出来。最后他们得到了显著的成果！例如，孩子们的数学和阅读成绩明显进步。在长达五年的项目中，他们连续每年都取得了成功。每个学校的纪律问题也得到极大改善，这可以从每个学校的休学率及记过频率的降低看得出来。

我认为世界咖啡汇谈之所以有效，是因为职位标签和其他一些将人们区分开来的东西消失了。世界咖啡就像时光暂停，每个人回归本我，做真正的自己，大家一起反思。大家慢慢开始发现，只要综合集体智慧和所有人的视角，不管这些人正式职位是什么，任何事情都能得到改善和变化。通过这个过程，我们一起提升了共同创造的能力。这是我从波尔克郡公立学校的对话式领导经历中获得的最有价值的收获。

案例故事 2

成果就在人际关系里：惠普公司

鲍勃·维齐 口述

惠普公司的高级工程师鲍勃·维齐专门研究组织绩效。他曾全面改善整个系统的安全和质量，如今他把工作重心放在研究顾客经验上。本文中，鲍勃谈到他作为一个主要安全改善项目的汇谈领导人如何应用世界咖啡模式和原则，在过去的四年里影响 5 万名员工。

我第一次接触到世界咖啡，是在博卡纳研究院的生命系统项目里。当时我是一名惠普公司生产部经理，管理着 300 多名员工。在世界咖啡汇谈中，我被一种深奥的东西所困扰。我在想或许我们可以把组织架构图上的那些方块描述为“汇谈网络”更为精准。这个想法让我觉得“管理”这些汇谈一定不是获得成功最好的方法。每天我们都忙于汇谈交流不同问题，就像那些咖啡桌上的对话一样——而且公司里的工作方式，也是在“各桌”之间不断移动位置与人交谈。当我看见世界咖啡的运转模式时，忽然灵光一现：生活不就是这样运行的吗？

作为一个领导者，意识到汇谈网络的力量与潜能，也感觉到网络结合所产生的真正价值，我感到非常不安。我不禁纳闷：如果汇谈和人际关系才是工作的核心重点，那么身为领导者的我，又该用什么方法做出贡献呢？或者如何从这个流程中获得能量呢？如果我们能通过聚焦关键问题和有意识地包容更多的人参与，来获得成百上千人的集体智慧，为什么我们现在仍只肯利用少数人的智慧呢？这些问题深深困扰着我。

参加第一次世界咖啡汇谈一年半后，我成了惠普喷墨打印机部门在俄勒冈州科瓦利斯地区小型公司的安全负责人。但这项工作的范围很快演变成包括惠普全球范围的喷墨打印机制造业务——涉及全球五处工厂约 1.5 万名员工，爱尔兰和波多黎各也包括在内。随后，由于我和全公司上下的安全事业部合作，我们的方式很快传播到其他制造单位以及惠普集团其他的业务部门，也就是遍及全公司 5 万多名员工。

开始的时候，我们的事故率很高。例如，在科瓦利斯，每年每百名员工中就有 6.2 人因公受伤。波多黎各的事故率是 4.1%；爱尔兰则在 2.5%～3%之间。这些数值都很高！我在安全部门的第一年，是采用杜邦公司的“STOP”办法，这个办法是要人们互相反馈，在防控一系列预先识别出来的风险点方面，彼此做得怎么样。刚开始那几个月，我们的测试小组很喜欢这套办法，可是后来有人开始非常讨厌它，因为它列举的都是别人的作业风险——他们根本没有针对自己面临的作业风险提出自己的看法。换言之，我们一开始就没能提出一个引起大家兴趣和创造力的问题，我们直接搬出别人的答案作为开始。

到了第二年，我们舍弃杜邦公司的“STOP”办法，找来一群全职的内部安全专家，我们称他们为“安全变革代表”，请他们为整个组织界定我们自己的作业风险。结果我们又犯了第二个错误。我本来以为请内部专家来做这件事，就遵循了世界咖啡的原则，因为世界咖啡的一个前提就是，人们自身就具备足够的智慧。但事实上，我们创建的这个小型团队在功能上更像外部专家或管理委员会。我们没有重视世界咖啡的另一个原则：鼓励每个人做贡献的重要性。

于是，我们又改变方法。我们开始反思，如果我们去询问那些本来就在对话中讨论日常工作的人，什么问题是能提高安全的关键问题，我们该怎么问？我们没有依靠举办世界咖啡活动来提出这些问题。事实上，我们从来没有真正地设计或举办过任何一场正式的世界咖啡。反而，我们逐渐明白公司本来就存在一种隐形的“惠普咖啡”，也就是现存的人际关系网络。我们需要做的就是提出关键的安全问题，他们就会把这个问题加入到他们已经进行的对话中。

我们开始先到人们平常聚集的地方和他们交谈——员工会议、生产线和装配车间。我们先让他们看当地工厂的安全数据，然后再把我第一次参加世界咖啡时朱安妮塔所分享的漏斗图拿给他们看。总计有好几千人看过那张漏斗图的幻灯片！这有助于帮助人们清楚地理解世界咖啡的运作模式，大家由此开始讨论大型系统里的改变是如何真实上演的，也有助于员工了解我们真正在做一些改变。我们没有用那些事先安排好的只有解决方案的培训课程，而是相信可以靠员工之间的对话、人与人之间的关系，以及共同的智慧，得出处理这些重大安全问题的方法。

于是，我们首先问道："如果你受伤，会是什么原因造成的？"大家开始回答这个问题，讲述自己在工作环境中可能遇到的危险。其次我们又问道："你们想在伤害发生之前还是之后来控制风险呢？"他们的答案当然是"之前"。于是，我们提出一个问题："很好！那你们打算怎么做呢？"这个时候，我们不需要再做任何提示。我们只是邀请他们展开有意义的对话，而这场对话的主题是"我不想在工作中受伤"。我们一起讨论一些方法，这是他们为了控制那些危险所想出来的创造性方法。最后我们说："尝试这些方法吧！不断反问自己这些问题，随着经验的增多再修正你的答案。"

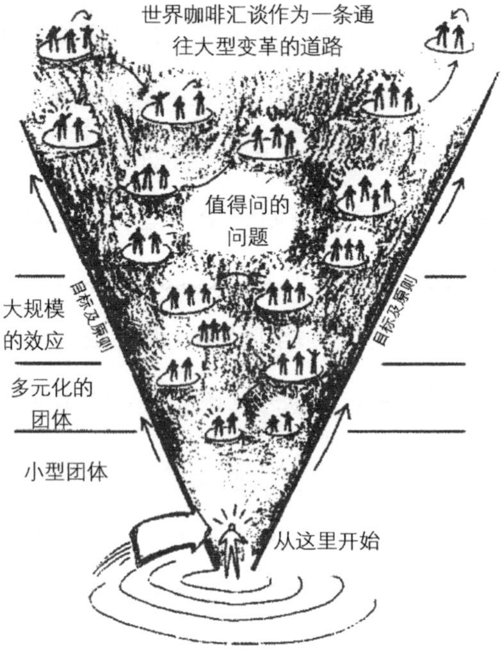

世界咖啡的开阔道路

在为安全问题努力的整个期间，我将世界咖啡引导的图景作为组织中正在发生的变革的一个深层次模式。我参与的每次员工会议就像大型世界咖啡汇谈网络中的一张咖啡桌。公司里的每张桌子都由这些真正重要的问题连接起来，就像真正的世界咖啡活动一样。

我们全职的安全专家团队则成了主持团。其中，四五个人开始在全球各地的重要分部之间展开“不断换桌”式的对话，他们的经验变得非常丰富。我们开始和不同分部的员工分享旅行中的所见所闻。同时，我们还将公司生产线上的员工聚在一起相互学习。我们开展安全活动的时候，我们也在学习如何让对话作为企业的核心流程，提升绩效。

谈谈取得的成果吧！举个例子，在我们的努力之下，俄勒冈州科瓦利斯地区事故率由 6.2%骤降到 1.2%。波多黎各则从 4.1%降到 0.2%，居于全球之冠。以全公司来说，总事故率大约降低 33%。如今几乎每个礼拜都有人提出问题，并反问自己："我们要怎么做才能像以前一样安全？"

虽然已经成果斐然，但我还是想提出一个重要问题供大家思考。这些年来，由于我和安全团队的工作成果卓越，我们又被任命其他职位，然后事故率又开始出现回升，尤其是科瓦利斯地区，现在的事故率是 2.5%，虽然还是比以前的 6.2%改善了 50%以上，却不及波多黎各的表现，目前波多黎各仍保持全球领先的 0.2%的水平。

这两个地区究竟有什么不同？在波多黎各，他们继续在安全事宜上进行内部系统的对话交流，而在科瓦利斯，这种对话则变得不像以往密集。这不免让我思考：在这样一个不断动荡变化的世界里，究竟需要哪类以及做到怎样深度的汇谈领导力，才能在重大议题上产生长期而持久的作用？不管是安全、质量还是新产品的开发，抑或更大格局的问题，例如生命如何在这个脆弱的星球上永远延续下去？

案例故事 3

有生命力的战略：共同发现未来——美国质量协会

艾瑞恩·沃德 保罗·玻拉斯基 肯·凯斯 口述

> 在执行总裁保罗·玻拉斯基和志愿者总负责人肯·凯斯的带领下，美国质量协会（ASQ）正利用世界咖啡的原理展开一个有趣的试验，以便设计出一种探询式系统。ASQ 是全球最大的质量协会，会员多达 130 000 人，遍及六大洲 50 多个国家。社群前线的艾瑞恩·沃德是一位致力于将世界咖啡应用于会员制协会和社群团体的先驱。

我们是谁?

我们为什么在这里?

我们如何发挥最大的影响力?

在个人看来，这些似乎是和我们息息相关的最普通的问题。但如果说这些问题也是组织及利益相关者最重视的问题，那又意味着什么呢？我们着手踏上征途去寻找答案，我们开发了一套有生命力的战略方法来探索 ASQ 的未来。我们的工作重心是要为 ASQ 及旗下社群，创造一则能同时涵盖共同抱负、未来方向和战略成果的动态故事。我们希望能通过社群成员之间战略性对话网络的不断扩大，来创造一种流程，好让这个故事可以不断演化下去。我们希望假以时日，这则动态的故事可以通过不断的反思与意义建构过程，融入组织结构里。

推动这种新思维方式是一种信念，我们深信成功绝不仅仅靠做好传统规划。诚如 ASQ 的执行总裁保罗·玻拉斯基所言："我个人正在寻找一种规划的方法，希望能帮助我们的董事会和成员在心智模式上建立连接。同时我也正在寻找一种方式，发扬我们的会员精神，围绕更深层次的质量含义，不仅在工作环境，而且也在大的社会环境中。"

我第一次采用世界咖啡汇谈的会议，是和董事会的战略计划委员会合办的，这绝对是一次冒险！不像过去的会议，这次为期两天的会议不是为了得出一份传统的一页纸的计划书，而是发现几个关键的战略性问题以做进一步的探索。"我猜若有人事前知道我们打算用世界咖啡的方式来开会，他们可能嘲笑我们，认为我们要白忙活了。"保罗回忆道，"但你应该看到世界咖啡第一轮问题就使得屋子里有了生机！这次的会议使得 ASQ 在战略上全面开放。委员会开始提出一些他们自认为不该由他们回答的问题。其中一些需要董事会深入研究，有些问题则需要全体会员贡献意见。当认识到我们需要更多的声音来为这次会议开始提出的战略问题找出答案时，整个事情就开始迈向了成功。"

自从这次会议和随后的几场战略性汇谈之后，ASQ 的战略性规划流程已演变成一种持续的探询方式，从战略规划委员会的小组团体扩展到董事会这样的大型团体，再到许多其他利益相关者。ASQ 董事会成员和会员现在已积极地在关键战略性问题上利用和主持世界咖啡汇谈，参与者可能是 ASQ 会员、前任会员、工作上需要用到质量工具的非质量专业人士、在组织里需要管控质量的高管们，以及尚未普及运用正式质量工具的服务业从业人员。从之前成功举办过的世界咖啡汇谈成果中提炼出来的战略性问题和故事内容，可以帮忙连接不断扩展的汇谈网络中不断形成的集体智慧。

感谢 ASQ 工作人员的支持，他们帮助协调世界咖啡活动，整理从世界咖啡收集来的意见回馈与集体智慧，这使得世界咖啡汇谈在 ASQ 各地会员中广泛应用并创造“感知与反应”机制。越来越多的全球质量协会会员，利用世界咖啡和其他战略性对话的方式去探索周围发生了什么事情。他们为协会不断提供更新的反馈信息，这种反馈可以帮助集体诠释不断出现的问题和机会。

ASQ 总裁肯·凯斯，为这个有生命力的探询系统的创造过程提供了一种鲜活的说法：“这种持续性汇谈正像波浪一样不断扩展开来。我们试着询问正确的问题——这是一门艺术，也是一门科学。我们的目的是要让人们深入探索，共同思考‘我们是谁，我们的使命，我们想要成为什么’这类问题。在这些关键问题的基础上，你可以看到涟漪涌现。而且如果你注意观察，你会发现到这些涟漪也会返回来：我们外部会员提出很多宝贵观点，反馈给董事会。这就是这种方法的完美动态性特点。我们会听到不断进行的各种讨论的声音，这些都是我们以往参加 ASQ 董事会听不到的。”

ASQ 的“池塘中的涟漪”这一生动的战略性讨论过程使用世界咖啡汇谈方式，在最重要的问题上不断扩大汇谈网络。我们学到的是：真正的战略性领导，是为汇谈播下正确问题的种子，主持不断发展的汇谈，以及协助组织理解不断出现的见解和机会，并采取行动。改变传统方式并不容易。保罗·玻拉斯基分享说："我们的转型虽然不够成熟，还很脆弱，但已经开始了。令人激动的是，一个向来以传统机械式系统运作的社群，正转型为一个有生命的思考系统。"通过这种方法我们慢慢摸索，试图创造出有利组织作业的合作环境，希望能像某种有生命的系统一样，在大家的齐心努力下，共同发展出我们的未来。

视角与观察

我第一次见到艾伦·韦伯本人，是在 1995 年 1 月，世界咖啡在我家客厅里诞生的前晚，当时我站在我们家门口，欢迎他参加以智力资本为主题的战略性汇谈，也就是世界咖啡就在我们家起居室正式诞生了。但对我而言，这位《哈佛商业评论》的前任总编辑和不久后将成为《快公司》杂志合伙创刊人的客人并不陌生。艾伦可能并不知道，他可是我和戴维心中的偶像。

两年前，艾伦曾为《哈佛商业评论》写过一篇文章，标题是"新经济有什么新奇之处"。他在文中指出，在新经济时代，观点和信息是交换的主要内容，对话则是创新的根本。与传统的观点不同，他认为并非新技术平台创造了商业价值，而是那些参与对话的活生生的人们，他们互相学习，分享知识和经验，是他们的创新和解决方案使组织得到发展和突破。艾伦坚决主张"在新经济时代，最重要的工作就是创造对话”。他强调，“营造一种合作的氛围，建立相互信任，进行能帮助组织获得集体智慧的真正对话，这是当今领导者的首要责任”。这篇开创性的文章给我和戴维信心，我们相信当初的思考方向并没有错，对话的确给我们的生活和工作带来一股生生不息的力量。

虽然是艾伦为我们指出“对话”是知识时代的命脉，“对话领导力”这个词却是佛罗里达教育学家和世界咖啡主持人卡罗琳·鲍德温自创的，她利用这个词来描述，领导者把对话当成核心流程，去培养创造企业和社会价值所需的集体智慧。然而即便到了今天，大多数的领导发展项目中都没有讲授对话领导力的内容。我们要如何开始培养这种组织基础架构和个人领导能力，来获得组织和社群里早已存在的集体智慧？虽然我们仍处于对话领导力的早期探索阶段，但从根据书中的故事以及自己所做的一些研究来看，有一些未成熟的领域非常值得我们探讨，也欢迎你的指教。

我们要如何开始培养这种组织基础架构和个人领导能力，来获得组织和社群里早已存在的集体智慧？

案例故事 4

设计出有助于汇谈的组织基础架构：美国菲利普莫里斯公司

迈克·西曼利克 口述

> 迈克·西曼利克是美国菲利普莫里斯主席兼 CEO。目前他正积极领导公司迎接挑战，重建与社会的连接，再造未来。要带领公司迈向美好的未来，围绕重大的战略性问题展开共同汇谈至关重要。在这里，迈克谈到他是如何利用有助于对话的基础架构来激发组织里的最佳思维的。

我内心认为自己是个建筑师。如果你想把汇谈当成核心流程来使用，就得先设计出一些基础架构，用新的方式激发大家一起思考的能力。靠个人领导技巧来主持一场大型汇谈是一回事；建立组织基础架构，引导大家一起合作来找到他们的共同智慧，又是另一回事。我发现，有良好组织基础架构支持的普通人，比那些天资聪颖却置身于不良系统的人，会取得更好的成果。

过去几年来，我们做过许多事情为合作汇谈和积极参与建立基础架构。在这些尝试当中，有些看起来好像“打破了传统”，但我们发现它们的确很管用。举例来说，很早以前，我们就发明了一种以合作汇谈和探询为基础的战略性流程，可适用于组织上下，取名为游戏计划。这个流程聚焦于找到影响未来的重大问题，并为那些关键战略问题创造应对方法。

我们也定期运用各种汇谈结构和创新的会议模式来培养合作思

维和创新对策。作为我们大规模变革努力的一部分，我们引进了世界咖啡汇谈、对话圈、开放空间会议、情境规划、户外拓展训练甚至夸张的剧场表演形式，目的就是想在关键问题上激发汇谈和突破性想法。我们也利用图像记录和视觉语言来帮参与者做系统性思考，连接彼此的想法，找到困难点。

因为引进了其他方便学习、信息共享和汇谈的基础架构，我们才建立了有助于一起深入思考重大战略问题的组织空间。像定期召开的全天资深团队会议，和一年三次在异地举办的资深团队会议，与跨部门团队就任务目标的汇谈，还有市民大会式的员工大会，这些都有助于面对重大问题时催生组织的集体智慧。让不同视角的年轻领导者组成一个探索团队，直接和利益相关者接触，这种做法同样能为重大问题注入新的思维。

不久前，公司将总部办公室从纽约的摩天大楼搬到了弗吉尼亚州里士满的一处绿树成荫的园区里。整栋大楼以鼓励大家多做意见交流、营造有利合作的环境氛围为设计原则。我们的资深团队也为空间的设计提出了许多意见，他们希望有一个场所可以让人们聚在一起随意交谈，因此我们在大厅里放了一座大型吧台，布置出一间咖啡屋。只要进出大楼，人们都会经过这个咖啡屋。一天的任何时候，人们都可以说："我们在楼下见，喝杯咖啡吧。"我们把需要紧密合作的团队安排在一起，并在各楼层设置了舒适的休息室。在底层还有图书馆和专为世界咖啡汇谈所设计的特殊会议室，里面有很多墙壁空间，以便大家能保留他们为"思考会议"所做的图像记录。为了能够做到远距离对话，我们还创造了配有双屏技术的独特会议室，这样一来，我们不仅能见到不同地点的同事，还能针对我们正在探索的问题或计划，灵活运用各种可视化材料。大部分的办公室采光良好，可以看到室外的景色。

正如你想象的那样，这些不同于纽约办公室设计的重大改变，已经让我们获益良多。大家跨部门建立了更紧密的联系，我们能看到在一些重大项目上，各种思想、观点的百家齐放。此外，在新大楼里定期和当地的利益相关者共同举办社区集会，也为我们带来了全新的观点。

通过有意识地设计这些便于交流的基础架构，我们能让我们的员工和外部利益相关者更有创造性地思考：作为一家烟草公司我们应该做些什么来满足社会对一家有责任感公司的期望。我相信引入合作性汇谈和一些为了再造未来的积极举措，虽然不能立竿见影，但久而久之，必定能树立我们行业领先者的地位。

引出战略性问题

擅长运用强有力问题的技巧与结构是重要的个人领导技巧，这些问题能带动知识分享、激发战略性对话和促进行动上的结盟。战略性问题可以创造前进的动力，可能带来新的集体发现。此外，它也像“胶水”一样，可以紧紧凝聚重叠的汇谈网络，使不同资源得以不断结合，创造出更新更好的对策。诚如鲍勃 • 维齐在惠普公司安全工作上的心得:“人们之所以能化被动为主动,正是靠问题本身,同时引导他们去探索这些问题。经理们会问我:‘怎么可能光靠请教员工问题就有成果呢?我要的是答案,而不是问题!’但我们发现,结果的确来源于那些问题。结果就藏在人际关系、知识和人们针对那些问题展开的汇谈中不断强化的共同关心的东西里,人们也是从这些方面找到自己答案的。”

尤其身处在变化无常的商业环境里,另一个重要的领导契机就在于建立汇谈的基础架构。就像美国菲利普莫里斯烟草公司的战略流程,它鼓励各阶层员工找出自己最关键的战略性问题。例如,当领导者问“有什么问题如果经过深入探索,就能让我们突破现况?”时,人们的集体智慧往往能指出一条少有人走过的路,却是一条极富创新的路。

召开和主持学习型汇谈

新型领导力的一个主要工作就是召开和主持各种会议,针对挑战性问题展开建设性汇谈。正如教育学家琳达·兰柏特和她的同事们所指出的:“主持对话,不是要你保持中立的角色,而是要你积极参与。领导者必须提出问题,邀请大家一起参与讨论。‘展开有意义的汇谈’是要从观念上来加深或改变人们的想法。”

真正的汇谈能加深团体思考,引出集体智慧。集体智慧不太可能在恐惧、怀疑和高压控制的氛围里产生。当人类全身心地投入到重要问题的探索时，新知识就会浮现。为了成功，领导者必须提升自己在主持汇谈的个人技能，并寻找其他加强共同探询的方法。

这些能力包括：

- 创造一种探索的氛围。
- 不做任何仓促的定论。
- 探索潜藏其中的假设与信仰。
- 仔细聆听以发现不同观点间意想不到的关系。
- 鼓励各种不同观点的表达。
- 清楚阐明会中的共识。

有效主持的其他方面也很关键，包括考虑更多的因素来设定情境、营造友好的环境、鼓励每个人的积极参与和贡献，以及妥善处理分歧的意见。作为主持人与召集人，要赢得所有参与者的信任，促进他们之间的合作，个人的诚信与价值观是你树立良好形象的关键。

引出各种不同的观点

你多长时间能听到领导者提出这个问题：在这场对话中，还有谁的声音没被听见？还有谁该到场却没来的？相信一定很少吧！然而若要培养对话式领导力，就像一次世界咖啡汇谈可以通过意见的交流和人际网络的建立，编织出丰富的见解网络一样，领导者要变成不同人和各种有趣点子的主动连接者。作为对话式领导者，你可以跨越传统边界，通过召开战略性汇谈培养创造性见解和新的社群网络。正如伦你可以跨越传统边界，通过召开战略性汇谈培养创造性见解和新的社群网络。

敦经济学院的盖瑞·哈默尔所指出的："战略制定依赖于建立丰富和复杂的汇谈网络，使得过去独立封闭的知识相互交叉，以意想不到的结合方式创造出新的见解。"这表示你必须海纳组织内部不同声音，包括那些年轻人，他们往往被认为"还不够资格"挤进资深领导班底。当然，这也意味着你得召开和主持与重要外部成员的学习型对话，包括顾客、供应商、非政府机构、社群成员，以及其他与公司未来利益相关的人。

支持欣赏式探询

寻求创新的机会要求当今的领导者转变思维，从以前只注意"哪里出了问题"和"如何处理问题"，转变到发现和欣赏那些做得好的地方以及更有效地利用这些成功经验。欣赏式探询（AI），由戴维·库珀里德及其凯斯西储大学的同事们首创，是一套强有力的对话流程，它让我们重视组织中以前未被发掘的知识、活力和能量。AI 激发了一系列生动对话，关于组织如何做得更好以及发掘组织的隐形资产。通过聚焦于那些今日已经存在的"渴望的未来"的某些方面，AI 能够使领导者发展汇谈网络，充分利用这些正在出现的机遇，而不是简单地修补以前的错误。

这套组织变革的方法，创造出一个互相信任和萌生新机会的空间。虽然对那些忙于解决问题的领导者来说，AI 不算是常规做法，但我们发现，这种"换个角度"的简单做法，是对话式领导的核心所在，能展现组织或社群的最好方面。

培养共识

在今天错综复杂的环境里，领导们发现他们独特的贡献之一就是提供概念式领导——创造共享的情境和共同架构，使团队能一起加深和改变思想。我们通过使用的语言、故事的分享以及喜欢的影像来为体验创造意义。例如，把你的组织想象成一个战场，所有成员都要展开“先发制人的攻击”和“摧毁竞争对手”，这引发的后续行为，绝对不同于把组织视作一个有活力的交流网络和人际关系网络所带来的共识，更何况这个有生命的系统有一部分本来就是由内部和外部的重要利益相关者组成的，有时甚至包括你认为的“竞争对手”。此外，对话式领导也要花时间和精力，去构建共同的语言，勾勒出令人向往的情境，也就是未来的故事，这有利于打造集体的目标，提供组织汇谈的方向。

培养共识的意思是要创造出汇谈的基础架构，让大家有时间展开真正的聆听、反思，创造共同意义。认真聆听与集体反思，是创造建设性对话和达成共识的基础，这些共识是关于如何真正创造组织成果，以及如何改进这些成果。丹尼斯·萨多和安妮·马瑞·艾伦曾和惠普公司的鲍勃·维奇一起工作过，正如他们所言：“因为我们之间有很多共识，所以才能看见从社交系统里源源流淌出智慧与成果，就好像你正在目不暇接地观赏各种成功的音乐会、戏剧或体育比赛。”

推崇社交网络，培育实践社群

许多最具挑战性的问题和前沿实践，是创造可持续价值的关键，它们往往是在第一线，在行动过程中或者日常对话中被偶然发现的。但是这种智慧常常被忽视。大部分领导者很少去注意、推崇和利用这些早已融入非正式对话、个人网络、人际关系和实践中的学习心得和知识创新。事实上，这些非正式对话、个人网络、人际关系和实践早已成为组织社会结构的一部分。

爱丁纳·温格在实践社群这一开创性工作上提供了很多方向，教我们如何从这些非正式的知识网络里，获取原本就存在的智慧。考虑周到的领导者会特别注意，确保新的工作流程或重新设计的组织结构，不会随意破坏这些非正式关系网络中不断进行的各种对话与知识。你还可以提供非正式会议的场所，企业内部知识分享的局域网基础架构，或设置知识服务员一职，他们能帮助组建各种活跃的实践社群，引导专业人士之间的学习型对话，这也正满足了组织长期的需求。

重新思考人才培训和发展

大部分的培训和发展工作都把“学习和个人的努力有关”当作基础前提，也把培训和实际工作隔离开来。你也许还记得自己当年接受教育的情景，那时候的格言是：“专心听老师讲课，不要和同学说话。”今天的组织和社群中，重视持续学习和知识分享，因此对话式领导者都在重新思考人才培训和发展的真正意义。他们认识到学习的社会本质，在重新分配资源时，从传统的培训项目转到支持实践社群的发展，并开始投资以平等对话为主的体验式合作学习，设计各种有利于互动的基础技术设施来支持学习型汇谈，而不仅仅是简单的数据储存。

支持合作性科技

局域网和群组软体技术现在正在实现一种可能，即让分散各地的工作团队不受时间和空间的限制，共同参与学习型对话和小组项目。随着这些工具的日益普及，对话式领导的范围也将扩展到广泛的线上交流，这样，成员们可以随时针对重大的战略议题和各种学习机会，提出自己的问题和发表见解。例如，巴克曼实验室已经架设好全球化的局域网，名为 K'Netix，它可以让全球各地 100 多个国家的员工，参与线上学习交流，讨论顾客需求与各种对策。使用者可以在任何地方、任何时间加入对话，而且可以使用不同语言。这套系统会随着问题的探索和对策的发现，自动更新不断丰富的"知识线索"内容。身处偏远的地方、一般没机会参与线下汇谈的员工，往往更能提出各种重要见解和专业知识。K'Netix 已俨然成为该公司知识共享型汇谈的中枢神经系统。

这些类型的汇谈基础架构，再加上图像记录和视觉绘图等辅助性办法，为个人和团队创造机会，让他们以以前从未想象过的方式参与汇谈。认识到它们的战略重要性和积极应用它们的领导者，将处于显著的优势地位。

设计出宾至如归的场所和空间

正如我们在第 4 章提到的，知名的建筑师克里斯多佛 • 亚历山大曾指出，人类在生理上和心理上对环境都有一种深层的渴望，这种渴望包含着难以用语言形容的品质方面的要求，这是一种有生命的、整体的和令人舒适的特殊品质，任何人只要遇到了，马上感觉得到，即便它难以形容。在多数主管的战略清单里，一般不会把“设计或挑选出舒适的环境作为大家集会的场所”列为优先任务。然而过去十年来，我们从世界咖啡所得出的经验，和本章中迈克所陈述的故事，都在证明“创造一个在品质上难以言传的实际空间”，对于对话式领导想要激发创新思考和培养集体智慧来说，是非常重要的。

共同创造未来

在这个充满挑战的时代，我们需要对复杂的经济、社会和环境问题进行周密的思考。也因此，懂得培养个人对话技巧，知道如何满足组织或社群独特需求，来设计和完善汇谈基础架构的领导者，就成了炙手可热的人物。找到可协助组织创造未来的对话方式，妥善运用各种有利对话的流程、原则、工具和技术，这是每个人都要负起的责任。我们每个人都有很多机会，可以在生活上和工作上实践对话式领导。这是一套强有力的方法，组织和社群可以利用它来培养当今繁荣时代需要的知识，也培养智慧为子孙创造一个可持续发展的未来。

问题的反思

你的组织是如何培养对话式领导力并把汇谈作为核心流程的？在你的实际情况中，为了让组织重视这些，你将怎么做？请思考以下问题：

1. 你的组织在何种程度上考虑将对话作为“真实工作”的核心？当你的领导和成员与利益相关者交谈时，他们会在多大程度上关注良好交流的原则和方法？

2. 作为重大汇谈的召集者和主持人，你认为自己的角色有多受重视？

3. 你和你的同事们花费多长时间发现正确的问题，又花多长时间找到正确的答案？

4. 在你的组织或社群里，可以系统使用哪些基础架构、流程或工具，来支持建设性对话和知识分享？

5. 你多久会举行这样的会议，会议上利用各种精心设计的机会，去展开共同汇谈、平等交流和互动学习？

6. 你的工作空间或咖啡区域有什么特殊设计，以便员工非正式交谈，支持良好的汇谈和有效学习？

7. 你有多少人才培训和发展预算，可以来支持跨组织边界的非正式学习型汇谈和有效实践经验的分享？

第 12 章

时代的召唤：创造一种汇谈的文化

对话是新式探询方法的核心。它可能是我们人类在处理面临的重大挑战时，最核心的人类能力。要参与伟大的文明化过程，就得提出有意义的问题。我们没有那么多的时间浪费在那些无法引起我们的注意，或无法触及我们心灵的事情上。对话的文化是一种完全不同的文化，对世界的未来有举足轻重的影响。

——未来研究院，

《卓越的公司：技术与可持续性交叉点的创新》

The World Café

如果今天开始的对话可以产生涟漪并创造新的可能性呢?

案例故事

用心是什么意思？通过对话创造一种学习的文化：新加坡

莎曼塔·陈 口述

> 莎曼塔·陈是哈佛大学肯尼迪政府学院的研究员，专门研究教育方面的领导力问题。离开新加坡三年后，她带着家人回国开始研究世界咖啡，作为帮助新加坡完成使命，成为一个“学习型国家”的方式。莎曼塔的故事证明了世界咖啡的确是有助于全世界发展对话文化的方式之一。

1965 年，当新加坡正式脱离马来西亚时，没有人相信它能生存下来。我们只是一座小岛，没有天然资源，只有一个深水海港和 420 万名居民的集体智慧。仅此而已。我们奇迹般地生存了下来，并且更为神奇的是，我们正在逐渐走向繁荣。我们有一个强有力的好政府。但是，我们的发展也是付出了代价的。我们的进步发展也因此付出代价。曾帮助我们渡过最艰难时期的驱动力、权威力和坚定不移的凝聚力，难以转变成我们转型成为学习型国家所需要的创业精神、创造力和革新力。新加坡诗人克·柏克·桑曾在其《拉浪草的芳香》一诗中抒发过这种情绪，他说“可惜劳动力的味道是如此浓烈，掩盖了所有其他的味道”。

作为平民百姓，我们总是依靠“位高权重的人”来帮我们解决问题。由于曾在政府机关任职，我经常想：“我们如何能在当今社会将那些掌权人士和其他人之间搭起一座学习的桥梁，从而促使新东西的浮现呢？”旧的方式向新的方式转变，是非常困难的，即使大家都说他们很想改变。我到国外学习深造，准确领悟到了这一点，并且花了一些时间从不同的角度来看这个世界。

当我得知麻省理工学院斯隆学院组织学习中心的联合创始人丹尼尔·吉姆和他的伙伴黛安·克里已经把世界咖啡引进新加坡时，这个问题仍然在我心里回旋。要来自不同政府机构和其他重要机构的领导参与到学习型组织理论和实践中，只算是这个巨大工程的一小部分而已。当我告诉朱安妮塔，我要回国待一个月时，她随即问我，想不想知道世界咖啡在新加坡的应用状况。我起程的前一天，朱安妮塔用电子邮件通知了几位和世界咖啡素有渊源的重要人士我就要回国，还想学习了解更多有关世界咖啡的事情。

结果你猜怎么着？我一回到新加坡，电子邮箱已经塞爆各方人马的来信，有人民协会、警察局、信息通信发展管理局、住房发展局、人力资源部以及与当地学校合作共事的人士。他们全都想和我见面并谈谈他们的世界咖啡经验。我感到非常震惊！希拉·丹马兰是新加坡警署组织学习单位的，她不仅参加了我大部分的一对一面谈，并且还提议为新加坡的世界咖啡主持人及她担任联合主席的学习型组织实践者网络的其他成员们，组织一个社群咖啡汇谈。我非常乐意和大家分享我从这次世界咖啡之旅中发现到的一些小片段。当然这不是全部的内容，但应该可以告诉大家在我们国家里所发生的事情。

建立隔代人之间沟通的桥梁

艾瑞克·唯是麻省理工学院教系统思考的讲师，他的学生都是17 岁的年轻人。他要他们分组运用系统思考的方法来探讨一些像少女怀孕、青少年吸烟等问题。然后他找来政策制定者和项目投资人（如国家青年委员会、父爱中心和卫生部）和学生们一起参加世界咖啡。学生们三人为一组在世界咖啡桌上担任主持人，讨论他们之前所研究的议题。成年人则在每轮对话中不断更换桌子和座位。学生们会提出他们对这些问题的系统分析。例如，青少年为什么会吸烟？成年人则提出问题，与青少年们展开深入的对话。过去，学生向来被认为不懂这些问题，想得不够远，而且他们害怕和成年人交谈。但在世界咖啡的对话里，这些年轻学生都和成年人处于同等地位。等到世界咖啡接近尾声时，大家又聚在一起，大家都认为父母和孩子们真的想进行更多的交流。来自父爱中心的代表大受鼓舞，当下决定要为父母和孩子们举办大规模的世界咖啡对话。

枪支与鲜花

来自警署的资深警官和基层警员一起参加世界咖啡汇谈——分属三至四个军衔级别的警察穿着制服，带着配枪，一起坐在铺着格子布放着插满鲜花的花瓶的小桌子旁对话。他们生平第一次认真地相互倾听观点，探讨的主题是如果在警车上架设最新式的电脑追踪系统，对街上巡警有何帮助。汇谈结束后，资深警官说道："我们现在终于明白，不管我们的点子多么高明，还是要来自基层警员的意见，才能让政策真正起作用。”基层警员也意识到，这些资深警官不是那么独裁，他们对基层警员的福利情况也很关心。警察局决定用世界咖啡的方式来进行一年一度的整体规划会议，以便在过程中听到更多的声音创造更多的汇谈。

通过汇谈，培养社群

新加坡人民协会通过国家社区领袖学院（NACLI）的安排，决定将世界咖啡融入当地文化中，通过在政府代表和民间领袖之间展开P2P（People to People，人民对人民）对话，创造性地修改了世界咖啡汇谈，取名为“知识咖啡”（知识 Kopitiams）。Kopitiams 是新加坡境内常见的传统咖啡店，专门提供当地的一些特殊小吃。从早期的移民时代以来，当地人就经常光顾，在此休息和随意聊天。NACLI 在第一次举办“知识咖啡”时，就刻意把会场布置得很有传统咖啡店的味道，而那天探讨的主题是“在新经济时代，创造一个富有活力的社群”。他们称这种方式为“知识旅行的过程”。NACLI 的 *Kopitalk* 杂志广泛宣传了这种鼓励大家针对重大议题展开真正对话的“新方法/老场地”方式，“知识咖啡”也开始慢慢传播。在体验过 NACLI 的“知识咖啡”之后，在信息通信科技部担任秘书长的耶谷·依布拉新评论道：“今天我们要发动一场革命，但不是反政府的革命，而是要重新发现自己……这种人民对人民，或者说 P2P 的对话讨论方式，对我们发展有凝聚力的、博学多才的民众至关重要。我很高兴 NACLI 已经捕捉到这种汇谈的精神，帮助民间论坛重新发现其有效的组织方式。”

世界咖啡传播

“知识咖啡”的概念开始传播到其他政府单位和各大机构里。组织学习型社群的成员们发现，主持世界咖啡对他们来说并不难，并且能根据自己组织的重要问题来定制世界咖啡汇谈。国防部利用世界咖啡汇谈来探索“我们该如何扩大我们的目标，从威慑作用转变到国家建设”。住房发展局为了配合自己的组织目标之一——成为学习型组织，也开始在新员工培训项目里引入世界咖啡汇谈，以促使他们有足够的时间和空间，对自己的抱负、理想和关心的事情进行真实的汇谈。学校也针对“考虑到我们国家不断变化的需求，我们的教学应当如何应对”这个问题，在教职员工之间展开世界咖啡汇谈。信息通信发展局和人力资源部也采用“知识咖啡”，来探讨内部各部门该用什么方法展开互相学习，凝聚力量，为新加坡培养富有创造力和创新性的文化。

知识咖啡

用心是什么意思

对我而言，最令我惊奇的世界咖啡发现几乎是在行程接近尾声时才冒出来。当时来自警察部门的希拉·丹马兰，联合住房发展局的艾维·欧伊、安东尼·里姆，他们为世界咖啡主持人和学习型组织实践者网络的成员召开了一场世界咖啡社群会议。当时竟然有接近 70 人参与，这着实令我惊讶！于是我们决定在世界咖啡里探讨这个问题：用心是什么意思？

那天下午发生许多事，这使我知道世界咖啡对新加坡的汇谈文化做出了重大贡献，也反映了人民希望跨越那些使我们彼此分隔的阶级界线，展开真正对话的渴望和关心。例如，世界咖啡里有位穿着朴素的女士，看起来与这里环境不协调，不过我知道她是受邀而来的。我想称她为“倒茶女士”，也就是那种常隐身在我们身边不起眼的基层服务人员。可是就在世界咖啡即将进入尾声的全体汇谈阶段，她鼓起勇气站起来，轻声但坚定地说道：“你们知道吗？最重要的是，你们要给人用心的感觉。只要当人们用心的时候，人生才不算白活。”整个会场因为她对人性的一语道破而陷入沉默。她的话直指整个国家的核心——我们的功利主义心态，常常让人觉得自己是玩偶，没有灵魂和生命。我当下很受感动。每个人都受到感动。我知道在那次会议里，许多政策会因她的一席话而改变。那个时刻也永久地改变了我。

我认为对于在新加坡实施世界咖啡汇谈的人来说，令人惊奇的是，世界咖啡为各阶级之间，也为过去与未来之间，搭起了一座建设性的桥梁。这是一个国家级的议题，因为我们都想大力提倡创业精神、创造力和革新力，我们都在努力学习如何创造环境，以便重新界定与权威当局的关系。然而要这么做，就必须得先和权威当局合作才行！

这真是个矛盾。

我们喜欢世界咖啡在新加坡的结构。我们发现，世界咖啡也提供了一个很清楚的结构，它就像厨师们使用的一只很大的搅拌碗，我们将各种食材原料放进去，发明出新的美味佳肴。我也一直想试图了解，为什么世界咖啡汇谈能在新加坡这种多元种族的亚洲文化国家里运行得这么好。原来世界咖啡提供了一个不拘形式、令人完全放松的环境空间，它欢迎各种多元化差异，也能驾驭这种差异，同时也帮助我们看见我们之间的共性。发生的这些让我对赋予力量有了新的理解——在跨越原本分隔我们的界线后，看到新的连接并建立人与人之间平等的交流关系，力量开始向下扎根并茁壮生长。

世界咖啡能代表另一种形式的行动主义——精神上的行动主义吗？它不是一种反权威结构的行动主义，它只是支持我们心所向往的那个世界。这是一种人性主义式的行动主义，因为在世界咖啡里，你对一个共同问题做出回应，并且是站在你自己的立场上做出自己的回应。这个过程从根本上是值得尊敬的——这是一种赞成行动主义的形式，而非反行动主义。这是我想在新加坡看到的——大家一起积极地创造，通过对话互相协助，就像过去一样，从沉睡中惊醒，我们共同努力，打造我们的未来。

我为世界咖啡在新加坡的成就感到骄傲，尤其是因为我看到大家的用心。我所遇到的很多新加坡人都有这种情怀，因为他们的努力，我才有机会在这里讲述这个故事。我再次深深爱上我的祖国。看到世界咖啡汇谈在各地传播，我意识到，除了逻辑、理性、实务和成果导向，我们这个小国家其实也有热情和灵魂，而且还在亚洲和世界的发展进程中，扮演着积极的角色。这种对话的观念，一起交谈，达成共识，跨越阶级，共创意义，这些都是必须要做的事，也是我们的潜力所在。世界咖啡正在用实践的方式贯彻这种理念，协助我们的国家走向未来。

视角与观察

在我提笔写“创造一种汇谈文化”文稿的前一天晚上，我参加了在加利福尼亚雷斯站一个小型社区所举办的世界咖啡集会，参与者有拉丁裔和北欧裔的家长、老师、学生以及当地居民。这个社区坐落在托马利湾的顶端，一个濒临绝种的原始生态区，只离南边的旧金山一个半小时的车程。这个乡村是一群多元化居民的家乡，包括捕捞牡蛎的渔民、大型牧场的经营者、专做有机乳制品的农场主、环保主义激进分子、逃离都市科技的隐士、艺术家和作家，以及农场的工人、护理人员、园丁和一些店家老板。大部分人都来自墨西哥。这群利益相关的居民常常争吵不休，包括教育在内的各种地方议题，都能成为他们激烈争吵的导火线。

在过去的 10 年中，我和戴维部分时间住在这里，而且我们很想在这里度过晚年。前阵子，当地西马瑞学校的几位妈妈邀请戴维主持世界咖啡汇谈，探讨主题是：对社区里的年轻人来说，最理想的教育环境是什么？这场集会一开始就像个大型的双语和双文化活动，因为所有广告和会议本身，都必须同时用上西班牙语和英语，社区里所有的人，不管是否身为父母，都被邀请参加。这是孩子们第一次作为平等的一分子加入对话，探讨他们自己学习的未来。

结果有 100 多名社区居民出席，这对这个小社区来说称得上一场大型会议。随着世界咖啡的展开，我和戴维都不约而同地被现场意想不到的连接给感动了。在其中一张咖啡桌旁，坐着一对拉丁裔务农的父母亲，旁边是一个 9 岁的小男孩以及他扎着小辫子的父亲，一位当地曾竞选过镇长的承包人。在另一张桌子旁，则坐着一位老师、一个 12 岁的女孩、一名附近电台的协调联络人以及一位环保激进分子。所有参与者都在全神贯注地一起思考，身为社区一分子的他们，究竟该如何为年轻孩子们创造一个更优质的学习环境？

在世界咖啡最后的全体汇谈环节，这群原本来自不同世界的参与者突然发现，其实他们对社区里的孩子所寄托的希望与梦想并非大相径庭。他们终于明白，在一些地方争端的背后，其实隐藏着一种渴望，对真正的连接、良好人际关系、好的构想和为了共同利益付诸实际行动的渴望。有人说：“我觉得我们应该组织一个家长教师联谊会（Parent-Teachers Association，PTA）。”另一个人则站起来说：“何不组成家长—教师—学生的社区协会呢？”现场参与者一听见这个构想，全都鼓掌叫好。

也许你会问："有什么好感动的？你怎么能把一场在加利福尼亚北部小镇由百来位居民所参加的世界咖啡，拿来和为整个大环境创造汇谈的文化这种'伟大的问题'相提并论呢？"但我和戴维都相信，就是这种小地方的故事点醒了我们时代在召唤什么。这个召唤就是要我们主动跨越那些被凭空想象出来，阻隔我们的界线，去应对我们家庭、组织、地方社群、国家社会，甚至整个地球所面临的各式挑战。

时代对我们的召唤

让我们面对现实吧！我们所面临的挑战，范围太广，而且错综纠葛，在威胁我们人类物种以及整个脆弱生物的生存。自然环境的恶化、气候的改变、失业率的攀升、教育落后、都市暴力横生，以及其他国内或国与国之间因贫富差距所衍生的各式问题，都是"试图唤醒世人的一种召唤"。这些问题因军事扩张、大规模毁灭性武器的随手可得，以及全球经济的过度竞争而愈演愈烈。

我们所面临的挑战，范围太广，而且错综纠葛。

我们越来越意识到，生命灵性、道德伦理和生态等方面都被严重地忽视了，威胁着我们，有可能使我们陷入无法预知的后果中。也许，最严重的问题是把"我们"和"他们"区分开来的趋势日益明显，在面对所谓的宗教或政治信仰、文化价值和个人生活方式的差异时，不断制造裂缝而非搭建桥梁。

身处这样一个脆弱的相互关联的世界，没有任何一个人可以置身事外，这一点毋庸置疑。不管你属于这个系统的哪个层面，小到我们自己的家庭，大到全球社群，我们都在共同打造一条通往未来的路，并在这条路上妥善运用我们之间本来就存在的矛盾立场和差异，让我们面对挑战时，更有创造力，更能把握整体性以及更加明智地应对。

我们这个时代所面临的问题是：如何去做这件事？哲学家雅各·尼德曼曾问道："我们该如何聚在一起共同思考，彼此聆听，才能得到或感应到我们要的那个大智慧？我们希望每个人都好好思考这些问题。因此，我们必须再回到这个问题上：如何构建我们共同思考的方式？"对于尼曼德先生的问题，我们的回答是，我们要时时提醒自己和别人，真正的对话就是我们人类共同思考的一种方式。从人类社会的早期，我们的祖先就会围着篝火商议要事，解决争端，讨论如何应对生存中所面临的各种危险。

真正的对话是我们人类共同思考的一种方式。

议事会是最早的结构化谈话方式之一，它能使大家聚在一起，在谈话中共同思考。本书所列举的世界咖啡故事，是另一种共同思考的对话结构——基于简单的设计原则，可以增加我们整体思考的能力，包容不同观点，甚至跨越传统界线，创造出可实施的知识。不管是在加利福尼亚小镇探索教育的未来，在瑞典参加由各个不同利益相关方参加的可持续论坛，在加拿大的法学院讨论战争与和平问题，为以色列阿拉伯人和犹太人消除争端，在药品公司举办包括病人和医生的策略大会，在佛罗里达提升办学绩效，降低惠普公司的安全风险，还是在新加坡为各组织阶级搭建桥梁，世界咖啡已作为一种很好用的对话流程和模式，来获取集体智慧，展开共同行动。

一个充满机遇的年代

令人欣慰的是，随着我们对有效的共同思考和共同建立个人连接的需求越来越清晰，各种别出心裁的汇谈和参与方法也在迅速发展。欣赏式探询、开放空间、未来探索和圆桌汇谈以及其他塑造未来的方式，都做了独特的贡献。此外，可以应用于公共审议和公民聚会的协助公众面对面交流的方式和计算机辅助的方式也都趁势兴起。这些首创的如世界咖啡汇谈、平民世界咖啡、美国大家谈、四方观点、公共交流项目、变革先驱、国家对话和商议联盟和费茨研究院的集体创造力研究，都很强调汇谈过程。人们对超越传统主张和辩论、获取集体智慧的方式满怀希望，无论是在公共领域还是在教育、健康、政府以及商业领域。这些令人激动的成果，让过去许多持反对声音的激进分子，也开始经验到一种更深层的智慧，这种智慧来自我们对系统思考和所有生命相互关联的理解。这种种发现正逐步带领我们认清这个世界没有“他们”这个概念。我们变成了集体智慧研究所的创办人汤姆·艾特利所说的“社会过程的行动主义者”，我们的视野已经超越左、右派的对立立场。强调过程的行动主义重视的是我们该如何共同参与一些关键议题，而不是我们各自拥有的立场。

社会过程行动主义者为了共同利益，通过吸取多元见解作为共同智慧的资源，运用各种汇谈和讨论方法，探询整体更多的集体智慧。这种主动积极，强调互动的态度，与现在常见的魔鬼化和丑化他人的诽谤文化形成鲜明的对比。

此外，另一个意想不到的资源也开始动起来，协助我们创造积极的汇谈文化。通信技术，过去曾在许多方面使我们和自然世界的节奏脱节，阻断人与人之间的关系，但如今竟以从未想见的方式，将我们的困境显露出来。大众传播媒体再加上互联网以及其他以网站为基础的科技工具，现在的我们已经可以让全世界在瞬息之间，同时看见半个地球以外的年轻士兵被杀，以及妇女和儿童受到伤害。

人类最独特的能力就是反思的能力，我们会后退一步并反问自己："为什么会发生这种事？有更好的解决办法吗？"事实上，意识的英文 consciousness 是从 con-scire 衍生而来的，意思是"共同觉察"。我们的共同觉察能力通过密集的电子网络的广泛应用变得更加敏锐，这些电子网络催生出更多的对话网络，讨论我们想要的共同未来是什么样的，不只在地方社群、组织里讨论，也在我们共同发源地，这个地球村里展开讨论。世界咖啡就像一种网络对话模式，只不过规模小一些，我们可以利用它来针对我们真正关心的问题，集结智慧，共同打造我们的未来。

诚如彼得·罗素所指出的，我们的"全球智慧"正在被唤醒，其生命潜能不可限量。靠着线上连接的力量，公民行动网络和非政府组织机构，如雨后春笋般出现，他们帮助数百万人彼此连接，不仅在本地，而且跨越地理、宗教、阶级以及文化的界限相互交流，不断探索创新之路。在商业界，顾客们会在线上互相讨论某公司的商业道德、产品和服务，他们掀起了一场革命，企业经营中必须考虑关键利益相关者。

或许畅销书《破茧而出——网络时代扭转传统企业思考的 95 项宣言》(*The Cluetrain Manifesto: The End of Business as Usual*) 的作者雷克·里文和其他共同执笔人对于这一点总结得最好，他们说："重点是互联网的出现使人们再次听到真诚的声音成为可能……在对话中，有百万条线索穿梭其中，但起头的这一端和结尾的那一端是人们自己……这不是世界末日，而是新世界的开始。"

放眼小镇、放眼各部门、放眼整个世界，我们现在终于知道"Si, se puede!"的意思，这句话是凯撒·查维斯常挂在嘴边的话，也是我们年轻时参与工农运动常听到的话，意思是"是的，我们能做到"。

一个充满选择的时代

然后，当我们看着今天的挑战时，问题仍然存在："既然我们知道什么是可能的，那我们该如何发展一种全球性的文化，让身处其中的人，包括我们的国家领袖和国际领袖，懂得以汇谈和商议的方法，而不是报复性的手段和暴力，作为处理人类社会问题的优先方法？"中文的"危机"带有"危险"和"机会"这两种含义，这也是我们目前生活的时代，未来有太多的不确定性。未来的不确定性是因为我们可以明智地运用一些工具和机会，去展开建设性的变革。

生物学家哈勃托·玛图拉纳在他的书中提醒我们："我们在对话中勾勒出什么世界，我们就生活在其中，而人类也因此存在。而如果我们仍然保持目前的状态，世界终将毁灭我们。"正如玛图拉纳所说的，如果你知道在日常交流中，你和配偶、孩子、朋友或同事之间的对话所透露的含义及选择，可能有利于整个人类，也可能将人类毁灭，那你会怎么改变呢？如果别人也懂这个道理，他们又会怎么改变呢？如果你能利用简单的工具、流程和结构，针对你或者你的组织或社群所重视的问题，主持和召开几场尊重生命的汇谈，那你会怎么做呢？

我们在对话中勾勒出什么世界，我们就生活在其中。

正如我们先前分享的，建筑师兼哲学家克里斯多佛·亚历山大的思想曾深深影响了我们，让我们对人类社会是如何产生大规模的变革有了另一番见解。他指出，包括人类在内的所有生命系统，都是由各种不同规模的整体所组成的——从个人到家庭，一直到各种复杂的组织、乡镇、城市到整个社会。他认为生命质量的提升，不是来自伟大的计划或权威当局的法令，而是来自一些小型合作行动，这些行动都是基于对生命的尊重，就像参与真正重要的对话的这种基础模式，各种规模的都可以。"每个行动都是在为某种庞大但老化的'整体'进行修补工作，"亚历山大解释道，"但这修补不只是修修补补而已，同样要修饰和转变，将它导入正轨，成为全新的另一个。"他告诉我们，这些数百万的微小转变是如何在生命系统里运作的，假以时日，它们的效应终会扩散，彻底改变一个整体系统的本质。

共同演化未来

也许，真的就是这么简单，锻炼我们自己的能力响应时代对我们的召唤，在任何我们能影响的领域建立更加真诚和鼓舞人心的对话……你知道全球越来越多的人，在他们的影响力范围内做着同样的事情……你察觉到在一个更高的层次上，所有的对话和组织创新，已经俨然结合成一股强大的生命力，作为人类，我们有机会获得这股力量创造我们共同的未来。

邀你一起加入社群

我也要邀你加入这场信心之旅。但要先请你想象一下，我们真的有能力改变这一切，只要我们勇于在生活上和工作上，去培养对话、建立社群和承诺行动。我深信，当我们帮助改变一种情境下的集体汇谈时，我们有可能影响到这个情境的未来，不管是什么情境或多大规模的情境。为我们尊重生命的未来创造环境，这不再是一个观赏性的项目。它包括每天的参与和练习，就像我们重视的其他活动一样。

在澳大利亚的土著文化中有一种信仰，他们相信人类有一首悠长的生命之歌，我们每个人都要用自己独特的“歌词”来演绎这首歌的整体性和完美性。就是这种谱写生命之歌歌词的奉献精神，让我们在进行世界咖啡和其他有价值的对话时，找到了精髓。

加入的方法也有很多。你可以在自己的生活和工作上，实地操作世界咖啡汇谈，然后把心得发现或疑问寄到世界咖啡的电子信箱。在世界咖啡社群里，我们会一起探索和实践并相互学习。请浏览世界咖啡网站，听听最新的世界咖啡消息和不断涌现的“世界咖啡的声音”。我们希望你能够运用符合你实际情况需要的方法加以试验，并希望收到你的来信，告诉我们你愿意和大家分享的一些经历。通过主持、召开及参与这些与真正重要问题有关的对话，我们能一起创造一种汇谈的文化，开发出集体智慧，为子孙后代的未来创造希望。

我想用一首诗歌来结束此篇，这首诗歌是我的好友兼同事，也是世界咖啡的创意合伙人南茜·玛格莉斯所写。她表达了世界咖啡的精神所在，作为主持人，希望你们和我一起通过这些文字体会其中的意义。

在世界咖啡里……

在世界咖啡里

相信有种力量

存在于你我之间

充满了图像与思维

为我们的生命带来意义

体验

你的话语一直在我脑海里回荡

就像问题找到了答案

我看到

这亘古不变之道

对话使我们找到意义

跨越臆想的界线彼此连接

我送出聆听这份礼物

提问，我发现收获大于我所知

意义从我们已知的共识里呼之欲出

成了

自知所能的更大自我

携手同心，我们共创一个美好未来

问题的反思

1. 关于你的家庭、工作、社群、教会或你生活中的其他部分，你最关心的一个问题是什么？这个问题若能和别人一起好好探索，能在未来让情况有所不同吗？

2. 你还会邀请谁来一起探索这个问题？

3. 你会怎么运用世界咖啡汇谈的原则（不管你有没有采用世界咖啡的模式）来提高汇谈的效果？

4. 针对你要主持和召开的这些和你生活息息相关的重要汇谈，你的下一个学习行动会是什么？

结 语

我们该如何坐下来好好谈谈呢

安妮·多施尔

The World Café

在 2002 年的世界咖啡盛会上，戴维·伊萨克介绍我的时候，说我是世界咖啡的元老，也是世界咖啡的“灵魂卫士”。他问我为什么在漫长生命的末年，还如此积极地参与和支持世界咖啡？我像平常一样沉默以对，但就在那个当下，我发现我的思绪回到很久很久以前……我出生在英格兰的东北部海岸，那里是维京人和威尔斯人祖先的发源地。我是大英帝国的末代子民，也是在联邦共和国体制下长大的少女。作为一个小女孩，第一次世界大战后的数年中，看到许多人回到祖国伤痕累累——有的少了腿，有的呼吸困难，还有很多战死沙场，我感到非常困惑和悲伤。我不禁纳闷：我们怎么会做出这种事（战争）？为什么我们不能坐下来好好谈呢？

我们由衷感激与佩服安妮·多施尔博士，80 岁高龄的她，一直是全球世界咖啡和其他汇谈活动的指引者、心灵导师和灵感来源。作为全国青年网络发展人之一，安妮曾获得加州议会颁发的杰出女性奖，肯定她多年来在公共服务领域上的付出。最近，她更成为关系发展研究院的共同创办人和阿希兰德研究院的资深人士。在此，安妮将与我们分享她毕生在汇谈领域中不断探索的问题，以及我们共同的未来在哪里。

后来，研究终止那场战争的休战协议时，我清楚地意识到国家与国家之间缺乏持续的真正的对话，将来很可能再起冲突。我于是做出决定，等我长大之后，我一定要研究各种方法，让同样的错误不再发生。然而接下来，和平没盼到，却又碰上第二次世界大战。我在英国皇家空军待了将近五年，当时的愿望很简单：想办法活下去，打败纳粹主义，终止大屠杀，保护世界的安全，让民主生根。在战争期间，我失去朋友、同志和家园。我在欧洲遇到最惨痛的一次经历是，我看见一批又一批犹太人被带出集中营时，我问指挥官：“长官，我们怎么会做出这种事？”他厉声回答我，当然不是我们做的，是他们做的。但我知道，某种程度上，在这些暴行面前我们人类作为一个整体是失败的。

我嫁给了一个美国军人，1946 年，我在美国的人生开始了。我以社群心理学家这个角色在第二祖国里服务近 60 年，包括为问题少年和有危险的社区提供服务。后来我也和当地政府、州政府以及联邦政府合作，共同推动法律平等、筹募资金和创新性项目计划。每当我在贫民区和犹太人区、海滩或保留地，和一群被疏离的年轻人坐在一起时，这个问题仍不断地困扰着我："我们怎么会做出这种事？为什么我们不能坐下来好好谈谈呢？"

在我思考和研究这些问题时，终于明白任何一种社会变革过程，都是以非正式交流开始的，无论男女老少，他们彼此见证，相互聆听，分享他们的梦想和希望，以影响他们关心的事情。因为真正彼此看到和听到，人们开始改变，发现了他们对行动的共同承诺。这个小团体开始邀集其他团体加入对话，变革就变得越来越实际。

作为社群心理学家，我凭借这种理解和认识来设计社会化网络，来治愈和转变社群和社会系统。我看见这些小规模的对话圈逐渐成为人类新觉知的诞生地。这些在全世界到处涌现的小型对话圈，正在催生出一种日益浮现的集体意识，即这个星球上的所有人士都渴望一个更加平等、更加可持续的未来。我认识到对话圈和大规模社会改革运动之间的关联，多年来的默默耕耘，终于遇到了世界咖啡的网络。我立刻在世界咖啡式汇谈中发现生活本身曾经教会我的东西。

自从世界咖啡在朱安妮塔和戴维家中的客厅诞生的那天起，我就看出了它的价值，并积极参与其中，带领它不断发展。我们决定定期邀请其他世界咖啡的开创者聚会，分享彼此的经验和学习心得。9·11事件就发生在原定于瑞典召开的一次聚会前。在悲痛、恐惧和困惑之余，我们也不免质疑是否应该继续下去。我们的瑞典同事玻·盖伦帕姆为我们做了决定，因为他说："你们当然要来。如果你们不来，他们就赢了。"

我记得我们当时聚会的目的，是要收集世界咖啡全球各地先创者的心得成果。但在那种气氛下，"我们该如何坐下来好好谈谈呢？"这个核心问题产生了更为深刻的共鸣。在瑞典那次聚会里，整个团体都有同样的紧迫感去重新提炼我们共同学到的东西，从而让我们的工作在这个纷扰的时代里凝聚成一股和平的力量。

我们该如何坐下来好好谈谈呢？我相信这个影响我一生中所有抉择的问题，现在已经成了我们能否确保人类这个物种以及我们的家园，也就是这个美丽的地球，能否继续存活下去的核心关键。对我而言，它是昭示所有其他问题的关键问题。如果我们可以好好谈，我们可以把事情摊开来讲清楚，就可以找到在这个世界上共处的新方法。但相反地，如果我们彼此隔离，就会产生冲突，最极端的情况，我们开始走向战争。那时死亡将取代生命，与我们如影随形。

每当我看见大人们刻意切断孩子们与其他生命，如青草、树木、鸟儿以及他们自己的想象力之间的对话，我就觉得难过不已。“生命之间的对话”得不到鼓励，但事实上，它是我们的本能之一，包含着真诚对话的精神，让我们与各种形式的生命产生连接。如果我们不能对他人打开心扉，那么不管他人采用什么形式，我们都不可能有真诚的对话。人们常常不知道该如何打开心扉，该如何向别人伸出友善的手。没有开放性的对话就不可能是真诚的对话。我只想给所有从业者、新生的领导者们以及我们的孩子们一个建议，生命本身就是一场对话——和他人对话，和大自然对话，和其他所有生命对话。

我们该如何坐下来好好谈谈呢？当我们一起交谈时，我们可以选择破坏性的攻击或建设性的对话。我们可以选择生命与连接，也可以选择分离与瓦解。我们有机会选择生命，那对话就是必不可少的。聆听彼此，真正坐下来好好交谈——这些都是深层次的、社会精神层面的行为。人们认为谈话不是行为，这是错误的想法。对话是一种意义深远的行为，可以帮助我们扩展意识，将分隔的部分和人们连接在一起。我想不出有其他任何东西能做到这一点。它是我们人类迈向圆满与完整的独特方式之一。

只有依靠我们集体的力量，才能对“我们要如何共同生存”这个问题达成共识，而且只有通过对话，才能实现这一点，我们无法独自做到。我们需要好好审视眼前的窘况，扪心自问：“我们怎么会做出这种事？”我们必须共同反省那些因为没有坐下来好好谈谈而导致的后果。

只有依靠我们集体的力量，才能对“我们要如何共同生存”这个问题达成共识，而且只有通过对话，才能实现这一点。

我曾经参加过多个关于探讨“我们该如何坐下来好好谈谈”的会议。世界咖啡和其他汇谈方法的好处在于，我们现在知道了对于那些复杂的问题，我们能依靠集体智慧和才能。只要愿意投入，我们能成为生活对话中主动的参与者，就会有更高的概率“做出对的选择”，即尊重生命的选择。生命本身一直在要求我们成为共同进化者——为我们共同的命运负责——与自然世界以及我们彼此重新建立连接。我相信选择以这种方式来参与实际上是一项神圣的使命。之所以我认为神圣，是因为它本身就具有价值，也能为整体赋予意义。

这本书里的所有案例故事全都汇集成为一个新的伟大故事，要人类学会彼此坦诚交谈，彼此认真聆听，并共同专心地聆听从我们之间浮现的东西。世界咖啡的案例故事启发我们去找寻问题，这些问题能为我们开启大门，共创未来，让新呈现的集体智慧得以彰显，并能发现共同生存的创造性方式。希望你也能在世界咖啡里的一张小咖啡桌边找到自己的位置，知道你已经和这个更大的整体相互关联、彼此依存。请你一定要相信，你认真参与的每次真诚的汇谈，都对我们共同的未来做出了贡献。

我用了这么长的答案来回答伊萨克 2002 年问我的问题。我相信你可以感受得到，作为世界咖啡元老和灵魂卫士的我，真的是把这份工作当成一个神圣的任务，将生命本身看成一场对话。当我看见世界咖啡的主持人用满满的爱心和关怀去布置桌子，将鲜花摆在桌子中央，认真找出最重要的关键问题，到门口欢迎大家时，我很珍惜这样一份觉知：我们人类的灵魂和世界的灵魂正在受到尊重。

现在，抱着感恩祖先和祈福所有生命的心情，我邀请你走进这扇通往未来的大门，找到你最好的希望，也尊重未来下一代的需求，包括那些年轻的孩子和还未出生的孩子。欢迎你们！请找个位置和不曾相识的人共坐一堂。我邀请你们加入这些对生命有益的对话，也祝福你们大家一起通过努力找到“我们该如何坐下来好好谈谈”的方法。

后记

集体创造力的魔力

彼得·圣吉

The World Café

集体创造力的魔力

> 彼得·圣吉是麻省理工学院的资深讲师，也是国际组织学习学会的创始人、主席，更是《第五项修练》这本广受好评的著作的作者，该书将汇谈作为组织学习的关键方法。此次彼得将分享他十年来的世界咖啡经验以及世界咖啡对于集体创造力的独特贡献。

我这一生一直对集体创造力的谜团大惑不解。为什么有时候就像魔法一样，人们可以共同创造出某种如此美丽、有力量和富有生命力的东西？一支运动团队突然间跃到了另一个高度，比赛不再是比赛，而成了他们诠释运动美学的载体（当然比赛还在继续进行）；交响乐团化身于美妙音乐中；看不到任何个人舞者的舞团演出；一名赛车手在比赛结束后，兴奋地拥抱她的“对手”，因为她知道只有他们共同的角逐才可能令她有如此出色的表现。

这个问题一直吸引着我，引导着我，但同时也困扰着我。难道这种一再发生的集体性创造只在运动场合或表演艺术当中出现吗？莫非这也是为什么在人类历史中，歌唱、舞蹈、击鼓、奔跑和跳跃可以把人类社会的各种文化连接在一起？但这些活动在现代文化中并不算主流，身为成年人，很多时候我们仅仅是观赏者而非参与者。实际上，我们的生活围绕着教学、管理、工程、养育和教育子女、医疗以及处理日常生活中数不清的各种压力。作为主张我们日常工作生活中可以发展集体创造的人士之一，我仍在担心这种说法是否夸大其词。尽管集体创造力的可能性无可否认，但具体落实付诸实践依旧很难。

这也是世界咖啡之所以吸引我的地方。世界咖啡汇谈是我所见过的、帮助我们挖掘集体创造力的最可靠的一种方法。这本书里的案例故事提供了充分的佐证，同时也勾起了我许多回忆，从朱安妮塔和我

10 年前最初开始应用世界咖啡，到无数次不同的集会场合中利用世界咖啡所做的各种试验，这些集会有大有小、或东方或西方、或南半球或北半球。

这些集会经验总让我不免啧啧稀奇，我不断诧异于世界咖啡式汇谈总能在轻松的气氛下开始，人们如此乐意敞开心扉，全心投入对话。无须正式的指导即可以开始，这与大多数组织发展和小组群体技术很不相同。这说明了某些重要的事情。世界咖啡根本不是一种技术，它只是一种邀请，请我们进入一种和他人相处的方式，而这本来就是我们人类天性的一部分。

我也震惊于世界咖啡汇谈所呈现的力量和影响。当一场为期三天由 14 名高管共同参与的世界咖啡汇谈即将结束时，组织学习先锋之一的艾瑞·格斯简单说了一句话："我一向对集体学习过程擦撞出来的火花惊叹不已。"同样地，我惊讶于整个过程的流畅性和精简性，也对它的应用范围之广感到不可思议。我几乎想不出有其他任何的共同思考流程可以像世界咖啡一样，既能用在高管的静思会、公司年度预算规划会议和千人集会上，也能用在社群集会里，找一群互不相识的人来共同探讨为孩子创造成长环境。

世界咖啡不仅是获得集体创造力的可靠方法，也是一种有力的象征，改变了我们平时对工作的认知，也纠正了我们对于组织为何成为集体创造力成功或失败的媒介的真正原因的理解。如果我们把一个合作共事的团队——不管是正式或非正式团队——都当成世界咖啡里在咖啡桌边对话的人们一样，那会如何呢？要是我们把每个团队的互动，想象成参与者在各桌次间的位置移动，通过参与汇谈网络，发挥彼此的影响力，那又会如何呢？

顺着这种想象，便不难勾勒出组织其实就是一种由“对话”中的人和群体组成的有生命力的网络。这已经在我们周围发生了，只不过它的发生大多未能显出它该有的力量。尽管人们交流的互动性汇谈的确在出现，但这些互动不见得带着它们本可以具备的能量和效果，而这中间的差别也正是多数平庸组织和少数伟大组织截然不同的原因。也因此说明了为什么有些曾叱诧风云的组织会衰落。简言之，组织里的对话，究竟能不能产生创造性的能量呢？

我相信，这个问题的答案与参与者的个性或禀赋没有太大关系，而在于对话里的核心问题的质量。世界咖啡如果无法针对真正核心和有意义的问题展开对话，只会流于机械化的交谈、移动和汇报等流程，它不能产生能量和热情，就像很多组织不能创造能量一样——大家讨论的问题或议题，无法驱动众人的责任感和想象力。

尽管如此，令人好奇的是，这种情况鲜少发生在实际的世界咖啡汇谈里？为什么呢？可不可能只是因为如果把人们置身于一种有益的环境里，他们就会自然而然地被重要的问题给吸引？也就自然而然地不把时间浪费在不重要的问题上？也许组织里很少有真正的对话，是因为我们认为组织不允许我们去探索那些对我们真正重要的事情，还是我们本来就不能去谈论这些问题？不管阻力是来自内部还是外部，问题的本质已经很清楚。人生苦短，我们怎能把时间浪费在不重要的事情上——我们都很明白这一点。

生物学家哈姆博托·马图拉纳是一位曾深深影响了很多人对沟通和人类社群的看法的专家。他曾经说过："历史循着人类的欲望之路发生。"当我第一次听到马图拉纳的这个说法时，我有点一头雾水。因为对我来说，我所看到的包括近代史在内的绝大多数历史，都不是跟着任何人的欲望而走的。事实上，历史似乎在被我们行为中不可预知和不愿发生的一面所主导——气候的改变没人希望，贫富差距增大没人希望，与日俱增的不安全感也没人希望。

我深入思考他的话，才明白其实马图拉纳是要我们负起原本想逃避的责任。尽管人类集体行动下的结果不见得是我们当初追求的目标，但造成这些行动甚至后果的背后动机，正是我们欲望的一种表现。然而这些欲望太微不足道，太以自我为中心。这些欲望产生的方式与其他人的欲望过于割裂了。总而言之，这些正在左右今天历史的欲望不是能为我们所有人创造远大未来的欲望。

希望这个世界可以展开真诚和有意义的对话，难道这是一种异想天开的想法吗？

我相信世界咖啡的真正目的是要一个更大整体释放真正的欲望。希望这个世界可以展开真诚和有意义的对话，难道这是一种异想天开的想法吗？何不开始主持你自己的世界咖啡汇谈，而这个答案就留给你自己去发掘吧！